LE GUIDE DES WEB SÉRIES

JOËL BASSAGET

LE GUIDE DES WEB SÉRIES

LA NOUVELLE VAGUE

over the pop

PRÉFACE PAR FRANÇOIS DESCRAQUES

Quand je me suis lancé dans la websérie, je ne savais pas ce que c'était. D'ailleurs ça n'existait pas vraiment. C'était une autre époque. Oui, une autre époque… une autre époque… une autre époque…

(Lancement d'un flashback avec une musique vintage type Offspring et d'un cadre 4/3 autour de l'image)

Au début des années 2000, quand j'ai commencé à faire des courts métrages au lycée, j'avais une vision assez limitée des possibilités de mon avenir. À l'époque, la voie normale pour devenir réalisateur consistait à :

1/ faire une grande école de cinéma

2/ travailler pendant 15 ans à différents postes de technicien

3/ pouvoir enfin réaliser un projet personnel (mais pas trop).

C'est en voyant *La Nuit du film amateur* programmée en 2002 sur la chaîne GameOne que ma vision s'est élargie à un nouveau champ des possibles. J'ai découvert le travail de **Davy Mourier** (avant *Nerdz*), **Ruddy Pomarède** (avant *Flander's Company*) et celui qui les précédait tous, *Alex Pilot* (avant Nolife). Ces réalisateurs avaient chacun une série tournée en DV et qui explorait des univers fantastiques et ambitieux avec une absence totale de producteurs, de moyens techniques ou même d'acteurs professionnels.

À ce moment, mon cerveau a été retourné. J'ai pensé «on a le droit de faire ça ?». Mais ce qui m'a le plus interpellé et qui reste aujourd'hui pour moi LA PLUS GRANDE LEÇON DE CRÉATIVITÉ, c'est ceci : malgré les limites et les défauts de leurs travaux, la somme de leurs qualités permettait quand même à leurs histoires d'être légitimes. Voire passionnantes.

J'ai tout de suite réuni mes potes **Florent Dorin** et **Thibault Geoffray** (avec qui j'ai créé Frenchnerd Production des années plus tard). Je leur ai montré les travaux de ces hommes certes humbles mais grands.

Je leur ai dit : «C'est ça qu'il faut faire maintenant. Des séries. Et on les mettra sur le net. Et on appellera ça… des NetSéries !» (C'est pas vrai mais cela aurait été marrant).
On a donc commencé à faire une série fantastique avec des enquêteurs bourrés, des concierges portugais loups-garous et des vampires-épiciers. Ça s'appelait *Les Chroniques de l'étrange*. On pouvait y voir déjà un petit Raphaël Descraques de 11 ans. Au lieu de faire la fête ou de fréquenter des filles («Parle pour toi» me dirait Florent), on tournait tous les samedis soir dans les rues de Vincennes. Même en hiver. Notre équipe grandissait peu à peu et nos ambitions aussi. En 3 ans, on avait tourné 3 épisodes de 40 minutes avec de l'action, de l'aventure et de la comédie scatologique.
Il était évident que le résultat final n'était pas assez pro. Du coup, je voulais à tout prix réussir à rendre le tout regardable par n'importe qui sans avoir à m'excuser sur la qualité technique. J'ai donc décidé de faire un BTS Audiovisuel pour apprendre tout ce que je ne pouvais pas apprendre par moi-même. Au-delà des cours très intéressants, de la gratuité du cursus, j'ai surtout rencontré les personnes qui m'ont suivi par la suite sur mes projets, comme **Slimane-Baptiste Berhoun**, **Anaïs Vachez** et **Jimmy Tillier**.

En sortant du BTS, j'avais toutes les connaissances ainsi que le réseau d'étudiants pour m'aider à faire des courts métrages au look professionnel. J'ai d'ailleurs commencé à créer ces courts avant tout dans le but d'avoir une bande démo visuelle et de me vendre en tant que réalisateur de publicité. Cela a un peu marché et j'ai pu travailler sur quelques spots. En parallèle, je travaillais avec des maisons de production sur des projets de séries ambitieuses… qui ne se sont jamais faites.
La frustration m'a repris et ma vision de l'avenir s'était encore rétrécie. Devais-je continuer à faire des commandes de publicités pour des marques de chaussures tout en travaillant sur des concepts de séries qui ne verront jamais le jour ?

Un second éveil a eu lieu quand je me suis replongé dans ce que faisait la chaîne Nolife avec leurs séries originales : à savoir ***Nerdz***, ***Flander's Company*** puis ***Noob***. J'y ai retrouvé l'esprit et l'inspiration qui me manquaient. Même si ces séries étaient des séries TV diffusées dans un second temps sur le net, elles étaient uniques, fauchées et inventives. Elles représentaient un esprit dans lequel je me reconnaissais (et ce n'était toujours pas techniquement des webséries).

Je suis reparti de zéro. Fini la technique trop lourde. Fini la recherche de financement. J'ai décidé de créer de manière spontanée mais aussi de manière maîtrisée cette fois, grâce à mon background de technicien. Mais surtout, j'ai décidé de ne pas chercher à plaire à quelqu'un, si ce n'est à moi et mes potes. Et de là est né mon blog **Frenchnerd** qui a servi de prétexte pour trouver des bonnes idées pas chères. Et l'une d'entre elles a été ***Le Visiteur du Futur***.
Et cette série existe pour une seule raison. J'avais envie de la voir. Alors je l'ai faite. Plus tard, je me suis rendu compte qu'elle faisait partie de cette mouvance qu'est la websérie. D'autres gens comme moi avaient subi les mêmes frustrations et avaient décidé de se lancer dans cette aventure avant même qu'elle ait un nom. Et c'est avec du recul que j'ai pu comprendre ce que cela signifiait.

Et voici ce que j'en ai tiré comme conclusions :

La websérie est **généreuse**. Pratiquement la totalité des créateurs de webséries investissent leur temps libre dans des tournages. Au lieu de jouer à la console ou de voir leur famille, ils choisissent de se lever tôt un dimanche alors qu'ils ont passé une semaine entière dans un autre boulot. Ils investissent aussi une somme d'argent qu'ils sont à peu près sûrs de ne JAMAIS voir être remboursée. D'ailleurs, chaque fois qu'un jeune me dit que je lui ai donné envie de faire de la websérie, je lui demande de m'excuser auprès de sa famille.

La websérie est **rebelle**. Face aux sempiternelles comédies de famille ou enquêtes policières, les créateurs de webséries décident d'explorer des univers riches en mythologie et ils n'hésitent pas à mélanger les genres ainsi que les cultures (jeu vidéo, manga, jeu de rôle). Ils n'hésitent pas non plus à tourner sans autorisation si le lieu en question vaut la peine de finir au poste de police.

La websérie est **familiale**. Dans le sens où elle naît d'un groupe uni par une même volonté. À force de tourner ensemble, d'aider à tous les postes, de partager des repas à base de pizzas, c'est bel et bien une famille qui se crée. Et il n'est pas rare qu'à force de se retrouver, des couples s'unissent et des bébés apparaissent autour de ces projets. Tant mieux, ça fait de la nouvelle main-d'œuvre.

La websérie est **proche du public**. Elle est souvent mise en ligne directement par ses créateurs qui lisent parfois tous les commentaires. Elle peut même évoluer en fonction d'un échange avec le public. Il m'est même arrivé d'embaucher certaines personnes ayant commencé à envoyer des commentaires. C'est comme ça que j'ai rencontré un certain Raphaël Descraques. Puis il s'est avéré qu'on avait grandi ensemble en fait.

La websérie est **spontanée**. Elle ne naît pas d'une commande par un producteur ou de la volonté de remplir une case. Ces créateurs ont décidé qu'elle devait exister d'une manière ou d'une autre. Cette décision peut être le fruit d'une longue réflexion mûrie sur plusieurs années ou d'un pari suite à un jeu d'alcool.

La websérie est un **acte de foi**. Statistiquement, un créateur de websérie sait qu'il y a peu de chances que son résultat final soit à la hauteur de ses ambitions. Mais il le fait quand même. Parce qu'il y croit. Parce qu'il sait que si UNE personne aime sa série, c'est déjà un bon résultat. Il le fait parce que la douleur de vivre dans les regrets de n'avoir jamais essayé est supérieure à celle de passer des nuits blanches à bosser sur ce projet. Ou alors il le fait parce qu'il est encore ivre suite à un jeu d'alcool.

Plus tard, la websérie peut devenir une **source de revenus, voire un métier**. C'est à la fois la meilleure des choses et aussi le début de nouvelles sources de stress. L'argent ne règle pas tous les problèmes, loin de là. Mais toutes ces années de galère en autoproduction permettent de trouver les solutions les plus créatives et les moins coûteuses, ce qui enchante les producteurs. Mais ne vous méprenez pas. Même si un créateur gagne bien sa vie sur internet, il galérera toujours à convaincre un proprio qu'il a un «vrai métier».

François Descraques – Juin 2016

L'AUTEUR

Je suis scénariste et passionné d'écritures audiovisuelles. En 2009, j'ai créé le blog *Des Séries et des hommes* pour *Libération.fr* consacré à l'analyse des séries télévisées, sujet sur lequel j'ai coécrit deux ouvrages[1]. J'ai toujours été fasciné par les productions indépendantes (je suis assez vieux pour avoir connu et pratiqué le super-8, le 16 mm et autres Betacam) et je suis depuis longtemps les fictions du web. Je les ai vues grandir, évoluer, se multiplier, et elles n'ont jamais cessé de m'étonner et m'enchanter. Alors, en 2013, j'ai décidé de leur consacrer tout mon temps libre et j'ai créé le blog *Web Séries Mag* entièrement dédié aux fictions du web (toujours sur *Libération.fr*). Et je n'ai pas pu m'arrêter là. J'ai réalisé la première étude statistique du phénomène webséries, créé la Web Series World Cup qui classe les programmes les plus primés de l'année, et je milite pour soutenir les jeunes créateurs européens du web. Aujourd'hui, je suis consultant spécialisé dans les nouveaux formats, je donne des conférences et je conseille sur ce segment les producteurs et distributeurs. Avec cet ouvrage, je poursuis donc la «mission» que je me suis donnée de promouvoir ces nouvelles fictions dont l'indépendance et la créativité me fascinent.

En proposant cette sélection de webséries triées par genres et par thèmes, j'ai voulu d'abord montrer la formidable diversité de ce nouveau format et souligner la qualité – trop méconnue – de ces productions indépendantes élaborées avec passion, enthousiasme et sincérité par des créateurs qui ont choisi de les partager avec tout le monde via internet. Bien entendu, ce guide ne saurait être un catalogue exhaustif. Chaque jour de nouvelles webséries sont mises en diffusion et l'immensité comme la rapidité du web rendront bientôt nécessaire une nouvelle édition. À quelques exceptions près, tous ces programmes sont disponibles gratuitement et accessibles directement depuis votre télévision connectée, ordinateur, tablette ou smartphone. Tous les liens sont indiqués. Allez-y et vous verrez. Vous verrez des histoires différentes, racontées autrement, mises en images par de jeunes auteurs talentueux du monde entier. Ils sont les showrunners de demain, la nouvelle vague des fictions sérielles.

1 : *Sériescopie* (avec Pierre Sérisier et Marjolaine Boutet chez Ellipses) et *Créatures !* (avec Amandine Prié chez Les Moutons Électriques)

SOMMAIRE

WEB-SÉRIES
SÉRIES DIGITALES
CONTENU MOBILE

Les websériés, on en parle beaucoup et même de plus en plus. Pourquoi ? Parce que, comme l'affirme le titre de cet ouvrage – qui était aussi celui d'une table ronde animée par l'auteur lors du MIPTV 2016 – elles sont effectivement la nouvelle vague des fictions audiovisuelles. «Nouvelle» parce qu'elles sont très récentes et parce qu'elles sont différentes de celles qui les précèdent, les films du cinéma et les séries de la télévision. Quant à la «vague», c'est déjà celle de leur phénomène. En quelques années elles se sont multipliées sur le web, ont conquis presque toute la planète, se sont imposées jusque sur le marché des programmes. Et oui, elles sont sans doute aussi une «nouvelle vague» qui peut, à l'instar de ce que fut celle du cinéma, rafraîchir une télévision en perte de repères, bousculée dans ses fondements par les «nouveaux médias».

Mais commençons par le commencement. Qu'est-ce qu'une websérie ? Une série diffusée sur le web ? Cette définition est évidente et elle est tout à fait juste : toutes les websériés ont été ou sont diffusées via des sites internet ou des applications mobiles. Mais elle est insuffisante car on pourrait ainsi qualifier de websérie toutes les séries «traditionnelles» qui sont d'abord diffusées par des services de télévision en

Un véritable «phénomène» : entre 2012 et 2015, plus de 4 000 websériés ont été produites et mises en ligne dans le monde. En France seulement, ce sont plus de 300 titres qui ont vu le jour durant cette même période. Presque inconnu il y a encore 10 ans, le «phénomène» des websériés a littéralement explosé en quelques années et ces productions indépendantes sont aujourd'hui considérées par les diffuseurs comme des formats d'avenir. En 2015, les websériés sont entrées par la grande porte au très officiel Marché International des Programmes de Cannes (MIP).

streaming (tel Netflix, par exemple). Or, les webséries sont tout sauf traditionnelles. Et en vérité, ce qui les définit vraiment, c'est leur format. Près de quatre-vingt-dix pour cent des webséries ont des épisodes d'une durée inférieure à 12 minutes.

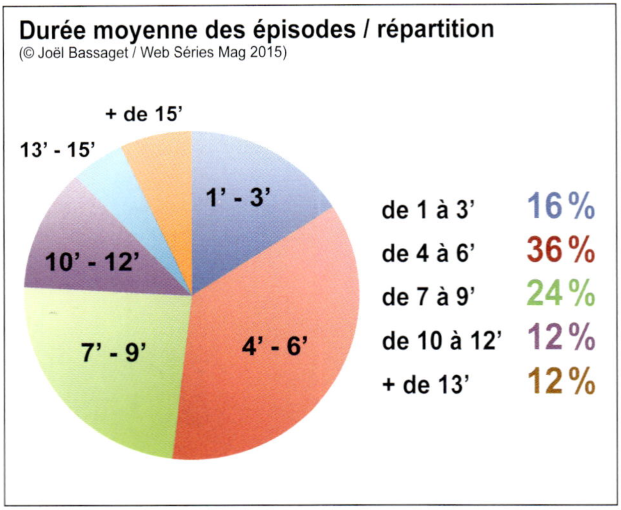

Le format court des webséries, c'est bien leur première caractéristique, celle qui les rend si particulières. Les séries de la télévision n'ont pratiquement jamais exploré ces durées d'épisodes, à l'exception des cartoons (mais ceux-ci sont souvent regroupés pour former des épisodes plus longs) et de quelques «short coms» (format populaire en France grâce à des succès d'audience comme *Caméra Café* ou *Kaamelott*). À la télévision, en matière de fictions, en dessous de 22 minutes il n'y a presque jamais rien eu. Les webséries investissent donc un territoire quasiment vierge de la narration sérielle. C'est pour cela qu'elles sont souvent associées à l'expression «nouvelles écritures», car sur ces nouveaux formats et ce nouveau support (l'internet), les contraintes sont différentes et les possibilités plus nombreuses. Une websérie est donc avant tout une série courte composée de «quelques épisodes de quelques minutes».

Si l'on peut dire en résumant que les webséries sont «comme des séries de la télévision, mais en plus court», elles ne sont pas pour autant de la «mini-télévision» et encore moins de la «sous-télévision». Leurs sujets, leurs scénarios et leur traitement sont la plupart du temps très différents. En fait, elles sont même majoritairement là où la télévision n'est pas, ou n'a pas l'habitude d'être. Par exemple, la télévision a fait ses grands succès et continue de remplir ses grilles de programmes avec des séries policières, des «*procedurals*», des «*medical dramas*», des sitcoms ou des soap opéras. Mais ces genres traditionnels de la télévision ne se retrouvent pas ou presque pas sur le web. À l'inverse, des genres plutôt rares à la télévision, comme l'horreur, la science-fiction, le fantastique ou l'heroic fantasy, y sont très bien représentés. C'est pourquoi il faut plutôt considérer les webséries comme «une autre télévision». Pour reprendre Darwin on peut dire qu'elles descendent directement des séries télévisées, mais que sur le web elles ont évolué pour devenir une «espèce» à part.

Les webséries sont aussi essentiellement des productions indépendantes

Un mouvement «global» : il existe déjà une quarantaine de festivals internationaux entièrement dédiés aux webséries (des «webfests»). De Séoul à Buenos Aires et de Los Angeles à Melbourne en passant par Marseille, Berlin, Rio, Rome, Bilbao, Londres, Ustica... Les webséries sont réellement un phénomène planétaire. Depuis 2014 il existe même une «Coupe du Monde» (Web Series World Cup) qui comptabilise les performances des webséries dans les meilleurs webfests. Par ailleurs, de nombreux pays ont récemment créé des fonds spécifiques pour aider et financer les projets de webséries qui entrent peu à peu dans les cahiers des charges de toutes les chaines de télévision.

réalisées «spontanément», sans commande préalable d'un diffuseur. Dans la plupart des cas elles sont produites avec pour seul budget des fonds personnels, parfois augmentés de chiches subventions ou d'un financement participatif (*crowdfunding*). Dans tous les cas elles n'ont jamais les moyens de la télévision ni du cinéma, loin de là. Alors, bien sûr, elles ne sont pas toujours parfaites et certaines productions bâclées ont déçu et refroidi des internautes qui n'ont jamais retenté l'expérience. Les webséries ont même acquis une mauvaise réputation auprès du «grand public», et c'est à cause de cette étiquette «bon marché» que certains souhaitent aujourd'hui abandonner tout simplement le mot «websérie» pour ne plus parler que de «série digitale». Car il faut bien reconnaître et souligner que le bricolage et le total amateurisme, c'est du passé. La qualité des fictions du web a fait plusieurs bonds stupéfiants ces dernières années, et désormais la majorité des webséries qui sont mises en diffusion n'ont rien à envier à certaines séries de la télévision ni même à certains films. Et comme le prouve l'ouvrage que vous avez en mains, il y a déjà

Des productions alternatives, collaboratives et créatives : les webséries n'ont presque jamais de véritable budget. Pour les produire, leurs créateurs font généralement appel à leurs amis, collègues et connaissances pour constituer leurs équipes de tournage. À toutes les étapes, le manque de moyens les force à être inventifs pour composer avec les ressources à leur disposition. Cela exige une excellente maîtrise technique pour contourner toutes les restrictions, et d'indispensables qualités humaines pour gérer des équipes bénévoles. Même si l'on remarque parfois les «bouts de chandelle», chaque websérie est une performance qui réclame un savoir-faire certain.

des centaines de titres de qualité et même de grande qualité à voir sur le web.

Si les webséries sont forcément différentes des séries de la télévision, c'est aussi parce qu'elles sont indépendantes et libres (du moins pour l'instant), produites en dehors du «système», sans commanditaires, et libérées de la «cictature de l'audimat» qui emprisonne les programmes dans des «grilles». Ce sont des productions qui ne doivent rien à personne d'autre que leurs auteurs et qui, sur le web, ne connaissent pratiquement pas de censure. Quand on produit une websérie, on peut faire presque tout ce qu'on veut, comme on le veut. De plus, au contraire de la télévision qui ne peut prendre tous les risques et tâche de contenter un maximum de monde, les webséries peuvent – et doivent – privilégier l'innovation, l'audace et l'originalité pour se démarquer et se rendre uniques. La liberté est donc effectivement une autre caractéristique des webséries, mais cette liberté est toutefois relative. Sur internet il y a tout de même quelques règles, et le droit d'auteur en

Hollywood aussi ! On ne compte plus les stars américaines du grand et du petit écran qui ont produit leur websérie ou sont apparues dans l'une d'elles pour jouer des rôles improbables (parfois leur propre personnage). Lisa Kudrow, Jerry Seinfeld ou Will Ferell ont été parmi les premiers à explorer l'indépendance du web au milieu des années 2000. Mais le web s'est rapidement imposé comme un média obligatoire dans la carrière des comédiens. Neil Patrick Harris, Whoopi Goldberg, Danny Pudi, Barry Botswick, Michael Cera, Jenna Elfman, Robert Englund et des tas d'autres «grands noms» sont déjà aux génériques de ces «petites séries».

Internet offre aussi de nouvelles possibilités aux auteurs. Virtuellement, ils y sont en contact direct avec chaque spectateur qui peut ainsi prendre part à la promotion de leur websérie en «l'aimant» et en la partageant, mais peut aussi commenter et s'adresser directement à eux. Sur les sites de partage, les créateurs ont accès à des statistiques détaillées des visionnages de leurs vidéos et peuvent utiliser toutes les possibilités des réseaux sociaux et des forums pour promouvoir leurs programmes.

est une. Mais aussi, les webséries étant les descendantes directes des séries de la télévision, elles en utilisent la plupart des codes (voire la totalité) même si elles les adaptent à un nouveau format, et certaines règles de narration, de cadrage ou de montage, qui sont indispensables pour raconter une histoire, ne peuvent être transgressées ou ignorées sous prétexte qu'on est sur le web. Enfin, le web permet de créer des œuvres interactives et développer des histoires ou des univers au-delà des épisodes grâce au transmédia.

Les motivations des auteurs de webséries sont diverses. Il y a d'abord bien sûr un amour pour le cinéma et les séries, une passion qui les dévore et qui les pousse à «en faire» eux aussi. Mais la plupart des créateurs ont également «une idée derrière la tête» lorsqu'ils se lancent dans une telle production. Il s'agit d'abord d'expérimenter, de s'entraîner, de se faire la main. Ils veulent apprendre. Mais ils veulent aussi montrer ce qu'ils peuvent faire et les webséries sont souvent leur portfolio, un tremplin pour se faire voir ou une estrade pour se faire entendre. Ainsi, comme nous le verrons plus loin, de nombreux comédiens et comédiennes choisissent ce format pour se promouvoir.

Le «potentiel» des webséries est aujourd'hui énorme car ces «nouvelles écritures» et «nouveaux formats» répondent parfaitement aux «nouveaux usages», c'est à dire l'utilisation accrue et de plus en plus répandue des smartphones, tablettes et autres objets connectés qui s'imposent comme le «deuxième écran». Sur ce territoire à conquérir, tout le monde aujourd'hui veut se faire une place, mais pour cela il faut des contenus adaptés et c'est pour cette raison que les webséries, ou «séries digitales», sont au centre de toutes les attentions. Alors que les chaînes de télévision et les services «à la demande» se répandent sur le web, un marché prometteur s'ouvre aux formats courts. Mais surtout les webséries représentent un laboratoire inédit, une pépinière planétaire pour les talents de demain. Elles sont, réellement, la nouvelle vague.

Les webséries s'inscrivent parfaitement dans leur époque et elles s'adressent à tous les humains, quels que soient leur âge et leur lieu de résidence, pourvu qu'ils aient accès à un écran connecté. C'est pour cela que leur public s'élargit chaque jour. Les webséries peuvent répondre pleinement à notre besoin de divertissement sans pour autant exiger plus de temps par saison qu'un film de cinéma, et on n'est pas obligé de les suivre car elles restent toujours disponibles. Aujourd'hui, leur succès dépasse largement la seule tranche d'âge des «15-25» à laquelle on les a longtemps assignées, et parce qu'il y en a pour tous les goûts, dans tous les styles, elles séduisent déjà plusieurs générations.

UNE BRÈVE HISTOIRE DES WEB-SÉRIES

Sur le fond, il n'y a rien de nouveau car il y a toujours eu des productions indépendantes en marge des industries du cinéma et de la télévision. Des milliers de petites fictions ont déjà été tournées en super-8, 16 mm ou vidéo partout et toujours depuis des décennies. Mais l'arrivée d'internet a radicalement changé le statut des productions indépendantes, jusque-là cantonnées à d'obscurs festivals ou à des réseaux de diffusion confidentiels. Au deuxième tiers des années 1990, le web vient offrir aux auteurs indépendants un nouveau support pour diffuser ou mettre en valeur leurs productions. Ils n'ont plus à organiser des projections ou distribuer des DVD, ils peuvent mettre leurs vidéos et leur curriculum à disposition sur un «site personnel», accessible directement par n'importe qui, n'importe où.

Mais dans les années 1990 cette révolution est encore toute théorique. La lenteur des connexions de l'époque (une poignée de Kb) et les technologies existantes (il n'y a pas encore de «streaming») sont très contraignantes. Ces vidéos du web, il n'est pas possible alors de les regarder directement en haute définition comme aujourd'hui. Il faut les télécharger et pour que cela ne prenne pas des jours, elles sont en basse résolution. À cet âge préhistorique du web, diffuser et visionner du contenu filmé est aussi laborieux qu'aléatoire. Quant à la promotion de ces œuvres, même si elle peut désormais utiliser les forums qui se créent sur la toile ou le courrier électronique pour informer plus de spectateurs potentiels, c'est encore à peine une forme évoluée du bouche-à-oreille. De toute façon, à ce moment-là il n'y a pas encore beaucoup de monde en ligne car, dans les années 1990, c'est surtout l'usage professionnel d'internet qui explose, et seulement une faible proportion de foyers est connectée. Il faut attendre le début du siècle pour que ce taux atteigne des niveaux significatifs et que des connexions plus rapides augmentent sensiblement le confort des internautes. Donc, les fictions filmées produites pour le net sont d'abord très rares et leurs spectateurs plus encore. Pourtant les ambitions ne manquent pas, car internet est alors une bulle spéculative, la fameuse «bulle Internet» qui se gonfle de millions et de promesses, et finira par éclater, emportant avec elle beaucoup d'espoirs et autant d'illusions. American Cybercast par exemple, considérée comme la première chaîne internet, fit faillite en deux ans, après avoir englouti des millions de dollars et produit quatre webséries. À l'origine (tumultueuse) de ce projet, il y a le tout premier succès de l'histoire des fictions en ligne : *The Spot*, une fiction interactive imaginée en 1995 par Scott Zakarin et qui a créé l'événement en attirant quotidiennement des dizaines de milliers d'internautes.

Dans l'ouvrage *How to Use the Internet*, publié en 1994 par Mark Butler, on peut trouver cet avertissement : «*De plus en plus de gens utilisent Internet, et www est un service très populaire. Pour cette raison, vous devrez attendre un long moment avant de recevoir un document et, dans certains cas, vous ne pourrez même pas établir la connexion.*»[2] Cette anecdote illustre bien l'état du web des années 1990. En 1994, il fallait encore une dizaine de minutes pour télécharger un seul morceau de musique. Dès le début du siècle, l'internet devient de plus en plus rapide, et bientôt des millions de fois plus rapide qu'à ses débuts, permettant aux utilisateurs de visionner des vidéos en direct, sans temps d'attente ni téléchargement.

1 : Source : http://techland.time.com/2013/09/29/everything-you-needed-to-know-about-the-internet-in-1994/

Certains articles de presse commencent alors à évoquer un «nouveau genre» tandis qu'apparaissent des termes comme «netcaster», «web show» ou encore «webisode». Ce dernier terme désigne plus précisément des «virgules» qui viennent compléter sur internet une fiction télévisée et offrir un «petit plus» aux téléspectateurs. En 1997, la série *Homicide, Life on the Street* est la première à produire des webisodes. Par la suite et aujourd'hui encore, de nombreuses séries télévisées offrent ainsi sur internet des vidéos inédites qui servent surtout à attirer les fans vers un site où il y a toujours quelque chose à vendre.

Ces premières fictions à épisodes diffusées sur le web bénéficient d'un phénomène qui va faciliter leur propagation : le «mouvement Geek». Des forums, des portails et des sites spécialisés apparaissent, où se réunissent les adeptes de tel ou tel genre (des «niches»). Dans ces cercles où l'on échange liens et informations, des fictions particulières, maniant le second degré et accumulant les références, trouvent un public demandeur de divertissements «alternatifs». En

L'éclatement de la bulle internet en mars 2000 a douché l'enthousiasme des investisseurs pour «la toile». Mais pour les auteurs et réalisateurs indépendants, au début de ce siècle le web reste un territoire à explorer et à conquérir. D'autant que les connexions sont toujours plus rapides et que de plus en plus de foyers sont connectés. Certes, c'est l'amateurisme et le bricolage qui caractérisent la grande majorité des premières webséries, mais certaines deviennent tout de même de vrais succès dans les milieux connectés.

France, c'est grâce à ce mouvement Geek que le phénomène des webséries, qui a démarré très tôt (dès la fin des années 1990), va prendre de l'ampleur. Présentées dans les conventions et sur les forums spécialisés, les premières webséries françaises réunissent au fil des mois des communautés d'adeptes complices qui leur attirent des «vues», et elles inspirent d'autres audacieux qui se lancent à leur tour.

Dans le même temps, d'autres facteurs viennent faciliter et stimuler la production indépendante de fictions, notamment l'évolution du matériel de tournage qui devient de plus en plus performant et de moins en moins cher. À partir du milieu des années 1990 il est possible de tourner des images de bonne qualité avec un simple appareil photo digital. Ces équipements vont se répandre et leurs performances décupler en moins de vingt ans alors que leur prix ne va cesser de baisser. De la même manière, des logiciels de postproduction et

YouTube est le plus important site de partage de vidéos et ses statistiques donnent le vertige. Toutes les minutes, ce sont plus de trois cents nouvelles heures de vidéos qui sont chargées sur le site, lequel génère chaque jour plusieurs milliards de vues. Plus des deux tiers des webséries sont diffusées sur cette plateforme, mais les fictions originales n'y représentent en fait qu'une infime partie de la vidéothèque disponible et ont tendance à se perdre sous cette avalanche permanente de contenus. Ces derniers temps, de plus en plus de créateurs préfèrent diffuser sur la plateforme concurrente Viméo qui offre actuellement un lecteur plus performant et sélectionne les meilleurs programmes de fiction pour les mettre en avant («staff pick»).

Au mois d'avril 2007 l'acteur Will Ferell lance le site et la chaîne YouTube « Funny or Die », spécialisés dans les comédies et où l'on peut décider, après avoir visionné un épisode, s'il est drôle ou s'il doit « mourir ». Ces sketches qui emploient (et contre emploient) des tas de vedettes réalisent aussitôt des millions de vues. Sur ce même modèle « multi-channel » se créent dans la foulée d'autres labels qui vont eux aussi rassembler différents auteurs et diffuser des vidéos qu'ils ont produites ou pas.

d'effets spéciaux de plus en plus pointus, de plus en plus abordables et de plus en plus faciles à maîtriser sont désormais disponibles pour un usage « à la maison ». Et d'autres outils viennent régulièrement s'ajouter à la panoplie des réalisateurs indépendants, comme les drones permettant de faire de spectaculaires images aériennes à peu de frais, ou les caméras miniatures qu'on peut « embarquer » telles les GoPro. Enfin, ce qui manquait cruellement au web du XXe siècle est désormais disponible en abondance à la fin des années 2000 : des internautes ! L'équipement des foyers a continué de progresser (30% des foyers français sont connectés à internet en 2004) et ceux-ci peuvent désormais bénéficier de connexions « haut débit » qui promettent déjà le « très haut débit ».

Donc, en 2005, toutes les conditions sont réunies et il suffit alors « d'ouvrir les vannes » pour déclencher la « vague » des webséries. C'est exactement ce que vont faire les sites de partage qui ouvrent les uns après les autres à quelques mois d'intervalle cette année-là : YouTube, Vimeo et Dailymotion. L'apparition de ces sites est réellement une révolution pour les fictions du web. On peut désormais

> Ces sites sont d'abord conçus pour accueillir n'importe quoi pour n'importe qui et leur démarrage est loin d'être un feu d'artifice créatif. Il y a des débats houleux à propos du respect des droits d'auteur (qui débouchent parfois sur des procès)

en quelques clics les mettre à la disposition de tous les internautes qui peuvent à leur tour commenter, recommander, partager et même s'abonner à leurs canaux préférés. Bref, ces plateformes ouvrent alors une libre antenne planétaire à tous ceux et celles qui ont quelque chose à montrer, et leur offrent en même temps les outils pour le propager. Hélas, c'est aussi le revers de la médaille. Ces services, qui se sont depuis imposés comme des références, manquent alors franchement de respectabilité. Et même si l'outil est opérationnel dès 2005, jusqu'en 2008 il y a encore très peu de webséries produites chaque année dans le monde. Elles sont quasiment invisibles, même si une poignée de titres arrivent à faire un peu parler d'eux, et on est encore loin d'un «phénomène».

2007, c'est l'année de la fameuse grève des scénaristes américains qui dure un peu plus de trois mois et a pour conséquence – entre autres – de pousser les téléspectateurs vers internet. Ce n'est pas un mouvement massif, mais il prouve que l'internet est devenu la première source alternative de divertissement lorsque «il n'y a rien de mieux à la télévision». En fait, l'impact de cette grève est plus significatif encore du côté des auteurs et des acteurs d'Hollywood. Car c'est justement à propos d'internet qu'ils font grève et nombre d'entre eux découvrent alors ce nouveau média, réalisant à la fois la menace qu'il fait peser sur les «usages de la profession» et l'opportunité unique qu'il leur offre de devenir – pourquoi pas ? – leurs propres producteurs et diffuseurs. Ce mouvement est même déjà en marche. En octobre de cette année-là naît le site Hulu. Accessible aux États-Unis, ce service de streaming propose contre paiement de voir ou revoir des programmes de toutes sortes, dont des webséries.

En France, cette période est tout aussi fertile, avec notamment le lancement de la chaîne câblée Nolife en 2007 ou celui du site Frenchnerd l'année suivante. Nolife va donner des lettres de noblesse aux webséries en les portant sur le petit écran, et Frenchnerd (lancé entre autres par François Descraques, Slimane-Baptiste Berhoun et leurs complices) sera de son côté la caisse de résonance d'un tas de projets, en même temps qu'une pépinière d'idées. Les webséries font donc des adeptes en France, mais elles font aussi des émules, donnant des idées à d'autres qui se lancent à leur tour. Il y a alors quelques dizaines de webséries produites par an dans le monde, mais dans les années qui suivent, ce sont des centaines de titres qui vont être mis en ligne chaque année.

À partir de 2009 c'est l'embrasement général. On se met alors à produire des webséries partout, ou du moins un peu partout. Après les États-Unis, le Canada et la France, le phénomène se répand sur toute la planète connectée. On voit surgir des webséries en Espagne, Italie, Australie, Angleterre, Argentine, Brésil...
Certaines se font remarquer, mais ce sont encore des exceptions. Toutefois, le phénomène est désormais assez important pour être visible.

En 2010 est créé le tout premier festival exclusivement consacré aux webséries, le Los Angeles Webfest (les Streamy Awards ont été créés l'année précédente, mais les webséries n'y sont qu'une catégorie). Ce tout premier « webfest » sera suivi dès l'année suivante par le festival de Marseille.

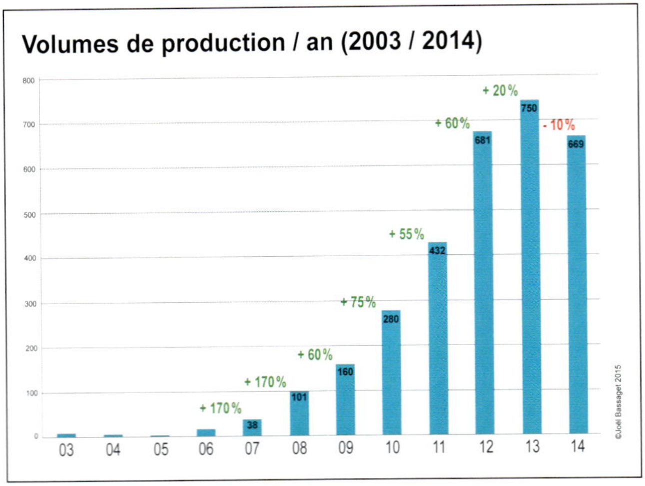

Ce qui est alors remarquable, c'est qu'en même temps que les volumes de production font un bond spectaculaire (voir graphique), leur qualité fait de même. À partir de 2012, les webséries totalement amateurs et bricolées disparaissent rapidement et sont remplacées par des productions toujours plus soignées. Il y a les auteurs qui ont appris de leurs premières expériences et une nouvelle vague de réalisateurs qui, même s'ils ne sont pas ou pas encore des professionnels, savent comment on tourne une fiction et ont clairement pour objectif de bien le faire. En France, la tendance est particulièrement remarquable et nos créations brillent aujourd'hui aux palmarès de tous les festivals internationaux. Mais ce mouvement est général et partout les webséries arrivant à maturité s'épanouissent et nous donnent des perles, des bijoux, des œuvres.

Hélas, l'internet lui aussi ne cesse de grandir, de grossir, démesurément. À partir de 2014, l'audience des webséries commence à baisser, même si en volume global elle ne fait qu'augmenter. Elles se retrouvent de plus en plus isolées et de moins en

> Internet a abattu toutes les grilles qui jusque là retenaient les programmes dans des cases. Désormais les téléspectateurs ne veulent plus de menu imposé, ils consomment « à la carte», « à la demande». Ils continuent d'utiliser la télévision, mais moins souvent et ils partagent leur temps de divertissement sur d'autres écrans où ils voient (et font) d'autres choses.

moins visibles dans un océan d'images qui se renouvelle à chaque minute. Des auteurs et des producteurs enthousiastes essuient des déceptions et on exprime alors de plus en plus de doute sur la viabilité ou la pertinence de ces formats qui tardent à trouver un « modèle économique». Ainsi, malgré leur profusion et un début de reconnaissance, les webséries semblent presque en danger de disparaître comme une mode passée. Mais non ! Car au même moment un autre phénomène vient télescoper la vague des webséries. La transformation radicale du paysage audiovisuel et l'apparition de nouveaux usages de consommation vont leur ouvrir les portes du marché de la « nouvelle télévision». La révolution digitale a propulsé la télévision sur le web et l'a chassée du salon où elle trônait pour l'envoyer sur des tas d'écrans de toutes les tailles. Dans cette nouvelle configuration et sur ce « deuxième écran», les webséries arrivent à point nommé.

En 2015 et 2016, des nouveaux canaux de diffusion payants ou gratuits sont apparus un peu partout afin de conquérir ce nouveau marché. Désormais, les webséries sont de véritables programmes. Elles restent encore majoritairement indépendantes, mais elles sont plus nombreuses à être produites, financées et distribuées comme des fictions télévisées. Et désormais, comme les séries de la télévision au siècle dernier, elles s'apprêtent à vivre leur premier « âge d'or».

AVANT TOUT, DES COMÉDIES

LA COMÉDIE est le genre majoritaire des webséries, représentant près des deux tiers de tous les titres produits à ce jour dans le monde. Il y a deux explications à ce fait. D'abord, internet lui même. Cet «espace de liberté» où l'on peut s'exprimer presque sans censure est le lieu idéal pour la comédie sous toutes ses formes. Depuis son origine, ce sont les sites d'humour et de détournements qui font de grands succès, et ce sont eux qui génèrent encore aujourd'hui des millions de «like» et de partages. Mais c'est aussi directement lié au format des webséries. Longtemps on a considéré – et nombre d'auteurs ont validé cette théorie – qu'il était très difficile ou même impossible de développer des récits dramatiques sur de si courtes durées. Ce théorème a depuis volé en éclats, contredit par de magnifiques webséries dramatiques (voir plus loin dans cet ouvrage) et ces deux dernières années, la proportion des dramas a même sensiblement augmenté (voir graphique). Toutefois, la comédie reste encore, très majoritairement, l'angle préféré des auteurs de webséries.

Évolution du rapport Comédies / Dramas
(© Joël Bassaget / Web Séries Mag 2015)

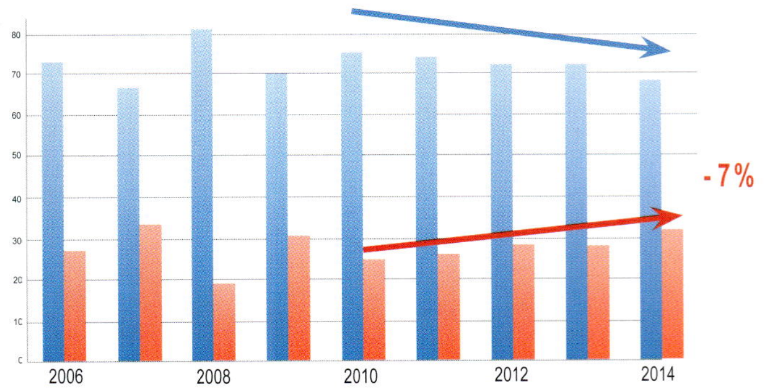

Mais sur le net comme à la télévision ou au cinéma, il n'y a pas qu'une seule comédie. Elle se décline en un éventail de sous-genres qui s'étend de la sitcom au mockumentaire, et de la parodie au cartoon en passant par la comédie romantique. Cependant, les webséries affranchies de la censure et du «poids de l'audimat» explorent une plus grande variété de styles et de traitements, et elles exploitent des situations ou des univers que la télévision a peu utilisés jusqu'à présent.

Le Visiteur du Futur

DES COMÉDIES FANTASTIQUES

Les comédies fantastiques ont toujours été rares à la télévision, mais sont légion sur le net où elles partent dans tous les sens pour le plus grand plaisir des amateurs du genre. Pleines de références, parfois parodiques, elles sont souvent l'œuvre de «geeks» qui s'amusent à tordre et défaire leurs univers favoris.

En gagnant de la notoriété, les webséries amateurs et sans budget des débuts ont aussi accédé à des moyens

En France, le titre le plus connu dans ce genre est sans aucun doute ***Le Visiteur du Futur***. Cette websérie imaginée et réalisée par François Descraques est bien plus qu'un succès, c'est un modèle, et ce n'est pas un hasard si elle ouvre cet ouvrage. Lorsque le premier épisode est mis en ligne en 2009, ce n'est presque rien, à peine un sketch drôle et bien vu. Puis les épisodes suivants, toujours très courts, construisent un véritable univers de science-fiction tout en enchaînant des situations haletantes et ce avec une maîtrise des moyens qui confine à la science. On s'attache aux mésaventures du pauvre Raph autant qu'à l'aventure cataclysmique dans laquelle l'entraîne le «visiteur». Il n'est absolument pas exagéré d'affirmer que *Le Visiteur du Futur*, malgré les petits défauts apparents dans ses premiers épisodes, est un chef-d'œuvre du format court. Rapidement, presque immédiatement, *Le Visiteur du Futur* s'est répandu et partagé dans toute la «sphère geek» francophone. Repérée, la websérie a attiré une production (Ankama) et a reçu le soutien de la chaîne NoLife. La quatrième saison, diffusée en 2014 a été coproduite par France 4.

• *Le Visiteur du Futur* : disponible en intégralité sur www.levisiteurdufutur.com

plus conséquents. Au fil des années, des producteurs ont commencé à s'intéresser à ce format, tandis qu'un peu partout se sont développées des initiatives pour aider et soutenir les créateurs qui ont aussi désormais à leur disposition des sites de financement participatif ou de production collaborative. Eux-mêmes ont gagné en expérience et ont aussi bénéficié du progrès constant des matériels de tournage et des programmes de postproduction. Les comédies potaches des années 2000 ont laissé la place à des séries plus ambitieuses, mieux maîtrisées et, dans ce genre fantastique, parfois carrément spectaculaires.

Dans le même genre comico-fantastique que *Le Visiteur du Futur*, mais cette fois sur fond de musique et d'épidémie zombie, le même François Descraques a écrit et réalisé en 2015 ***Rock Macabre***, une autre websérie savoureuse et réussie. Et un peu dans la même veine, son complice de longue date Davy Mourier a réalisé ***Reboot*** (toujours en 2015) une belle comédie fantastique en six épisodes où il s'agit encore de sauver l'humanité ou ce

qu'il en est vraiment. Slimane-Baptiste Berhoun est un autre complice de François Descraques et un autre pilier du collectif Frenchnerd. Avec lui il a réalisé en 2012 ***Les Opérateurs***, une comédie où les extraterrestres sont peut-être

The Wizards of Aus est une websérie australienne (de Michael Shanks et Chris Hocking) sortie en 2016, cofinancée par des fonds publics. Cette comédie tout à fait fantastique suit un sorcier qui, fatigué de se battre contre les forces du mal dans un univers barbare en guerre permanente, décide de se téléporter à notre époque pour y couler des jours tranquilles. Mais l'intégration parmi nous de ce réfugié d'une autre dimension n'est pas si facile. Bourrée d'effets spéciaux et maniant la caricature et le sarcasme comme une baguette de magicien, c'est une websérie somptueuse et hilarante.

• *The Wizard of Aus* : disponible sur YouTube et sur www.sbs.com.au

déjà chez nous, et plus récemment ***La Théorie des Balls*** et ***Le Secret des Balls***, deux webséries délirantes qui elles aussi flirtent avec le fantastique et l'irrationnel.

Nombreux encore sont les créateurs qui parviennent à produire des webséries fantastiques tout aussi réussies avec de très petits moyens, une bonne dose de talent et ce qu'il faut d'ingéniosité. Vous pouvez aller voir sans craindre d'être déçus la web série brésilienne ***Nerd of the Dead*** (hélas sans sous-titres à ce jour), comédie déjantée et sanglante où deux «nerds» résistent au beau milieu d'une épidémie zombie. Si c'est du sang justement qu'il vous faut pour rire, vous aurez les deux dans ***God Bless Zombies*** et en

The ***Book Club*** est une autre comédie fantastique spectaculaire et qui parle aussi de magie. Elle a été conçue et produite par Danny Pudi (l'acteur de *Community*) et son complice Chris Marrs. Ils y ont mis des moyens, invité des copains et fait sauter le compteur des vues avec six épisodes qui racontent les séances d'un club de lecture où chaque livre déclenche des évènements extraordinaires. C'est une véritable perle, pleine d'humour et de surprises.

• ***The Book Club*** **: disponible sur YouTube**

- ***Rock Macabre*** **: disponible YouTube et Dailymotion**
- ***Reboot*** **: disponible sur YouTube et sur le site de Studio4**
- ***Les Opérateurs*** **: disponible sur le site de Studio4**
- ***La Théorie des Balls*** **: disponible sur YouTube**
- ***Le Secret des Balls*** **: YouTube et sur le site de Studio4**
- ***Nerd of the Dead*** **: disponible sur YouTube**

français cette fois. La production, totalement indépendante, a duré trois ans pour six épisodes où quatre jeunes marginaux profitent des hordes de zombies qui ont envahi les rues pour s'éclater enfin. Si vous voulez passer toute une soirée avec les zombies, enchaînez avec l'étrange ***Hamilton Carver Zombie PI***, l'histoire d'un détective décédé qui revient parmi les vivants pour résoudre et venger le meurtre de sa fiancée. Cette websérie américaine en noir et blanc manie l'absurde et le film de genre. Il y a aussi des zombies dans la websérie française ***The Hunterz***, mais pas seulement. La bande de héros-zéros qui traque le mystère se retrouve aux prises avec des tas de monstres différents dans des épisodes

Once Upon a Time in the 1970s (de Chris et Anne Lukeman) est une autre perle du même genre. L'action, comme le titre l'indique, se déroule dans les années 1970. Ensuite, tout est pur délire avec un portail dans le ciel qui envoie des robots tueurs sur Terre et un jeune scientifique qui tente de les repousser avec son invention.

• *Once upon a Time in the 1970s* : disponible sur YouTube

• ***Gary Saves the Graveyard*** **: disponible sur YouTube**

Bien que la websérie américaine ***Gary Saves the Graveyard*** soit pleine de morts-vivants, c'est avant tout une fable drolatique qui permet à un looser récemment embauché comme fossoyeur de retrouver sa petite amie décédée vingt ans plus tôt. Mais il va aussi lui falloir réparer avec l'aide de ses nouveaux compagnons d'outre-tombe une grosse bourde qui peut décimer toute la ville. C'est prenant, délirant et attachant.

certes terriblement bricolés, mais bourrés de répliques hilarantes et de situations vraiment cocasses. ***I am Tim Helsing*** est également une histoire de chasseur de monstres. C'est une websérie anglaise dans un style mockumentaire, elle aussi bricolée avec pas grand chose, mais qui fonctionne très bien parce que cela lui confère une sincérité qui finit par devenir du réalisme. C'est également le cas dans une production française tout de même plus réussie : ***Les Survivants de l'Apocalypse***. Cette websérie se regarde presque comme une vidéo d'apprentissage en cas de jugement dernier. Les dialogues sont savoureux et le personnage principal est truculent. On oublie totalement que c'est produit avec trois fois rien, même si cela se voit tout le temps. Dans la websérie québécoise ***Les Jaunes***, c'est une invasion de

- ***God Bless Zombies*** **: disponible sur godblesszombies.wix.com**
- ***Hamilton Carver Zombie PI*** **: disponible sur YouTube**
- ***The Hunterz*** **: disponible sur YouTube**
- ***Tim Helsing*** **: disponible sur YouTube et sur iamtimhelsing.com**
- ***Les Survivants de l'Apocalypse*** **: disponible sur Dailymotion**

cerveaux jaunes avec des tentacules qui ravage un petit village isolé. À peu près tous les poncifs du genre sont réutilisés dans le scénario, y compris le complot nazi. Un bonheur pour les connaisseurs.

Les histoires de morts, vivants ou pas, peuvent aussi donner lieu à des comédies différentes de la parodie ou du détournement.

• ***Les Jaunes*** **: disponible sur ici.tou.tv**

Produite dans l'Aveyron par le collectif AnderAnderA, ***Mortus Corporatus*** s'amuse à décrire le quotidien des faucheurs qui travaillent dans une filiale locale de «La Mort Inc.», une multinationale du trépas. Parmi eux il y a Gaspard, le pire tire-au-flanc de l'entreprise, qui se voit confier la formation d'un stagiaire finalement plus doué que lui. Cette comédie loufoque emmenée par le comédien Fred Saurel, exquis dans son personnage de faucheur fainéant, a séduit un très large public et a déjà une deuxième saison. Les scripts sont de Thomas Krieger et la réalisation de Fabien Camaly.

• *Mortus Corporatus: disponible sur YouTube et sur mortuscorporatus.com*

DES COMÉDIES POUR LES JOUEURS

Les auteurs de webséries sont majoritairement jeunes et dans leurs productions ils «racontent» aussi naturellement leur génération. Ainsi, beaucoup ont choisi de détourner l'univers des jeux vidéo ou des jeux de rôles. Ce thème éminemment contemporain, mais peu développé à la télévision parce que trop «ciblé», a déjà été décliné dans des dizaines de webséries un peu partout dans le monde.

Sur ce même sujet des jeux de rôles, on trouve encore beaucoup de très bonnes comédies sur le web et notamment des canadiennes comme ***LARPs The Series*** (deux saisons à ce jour), ***Standard Action*** (trois saisons à ce jour) ou ***One Hit Die*** (deux saisons). Et on ne peut que recommander la websérie américaine ***JourneyQuest*** (deux saisons) ou l'anglaise ***Nights at the Round Table***. Enfin, la plus récente est peut-être aussi la plus aboutie en termes de décors et costumes, **AFK** («Away From Keyboard»). C'est une websérie néo-zélandaise où six

Au delà de nos frontières, la plus connue de toutes les webséries «de gamers» c'est The Guild , un programme américain qui est devenu une référence et qui, comme son titre l'indique, est l'histoire d'une «guilde» de joueurs. Cette websérie est une création de l'actrice Felicia Day qui s'inspire ici directement de sa propre expérience de joueuse «accro» tentant de décrocher. À l'origine c'est un pilote pour une sitcom, mais devant le scepticisme des chaînes, Felicia Day décide d'autoproduire ce projet et de le mettre en ligne. Elle réalise en 2007 trois premiers épisodes qui épuisent ses économies, mais qui obtiennent assez de succès pour qu'elle demande au public de financer la suite, ce qui fut fait en quelques jours à peine. Il y a eu six saisons et soixante-dix épisodes. Une version sous-titrée en français est disponible.

• *The Guild :* **disponible en intégralité sur watchtheguild.com et sous-titrée en français sur le site de Studio 4**

joueurs se retrouvent piégés dans un immense MMORPG. Ce qui est remarquable, c'est que ces six dernières séries ont été produites entre 2013 et 2015. Cela révèle un autre phénomène, conséquence de la liberté que donne aux auteurs l'absence de «grilles de programmes» sur le web. Là où à la télévision il n'y aurait qu'une place ou deux pour un même concept ou sujet, les créateurs du web ne sont guidés que par leur inspiration et leurs envies, et diffusent dans un espace où il y a de la place pour tout le monde.

- *LARPs The Series* : disponible sur YouTube et sur www.larpstheseries.com
- *Standard Action* : disponible sur YouTube et sur standardaction.zombieorpheus.com
- *One Hit Die* : disponible sur YouTube et sur www.onehitdie.com
- *Journey Quest* : disponible sur YouTube
- *Nights at the Round Table* : disponible sur YouTube et Dailymotion
- *AFK* : disponible sur YouTube

Sur ce sujet, comment ne pas penser aussitôt à Noob , la websérie française produite par une bande de copains réunis autour de son créateur Fabien Fournier ? Elle a déjà sept saisons à ce jour et elle s'est rendue célèbre en 2013 en récoltant plus de 600 000 euros dans une campagne de financement participatif, pulvérisant quelques records au passage. Car cette websérie qui raconte les parties d'une guilde de joueurs dans un «MMORPG» – que nous suivons en même temps du point de vue des joueurs et de leurs personnages – a rassemblé une énorme communauté de fans francophones. Bien qu'étant restée toujours très amateur, cette websérie est devenue une véritable licence qui se décline en romans, bandes dessinées et «merchandising» divers.

• *Noob* : disponible en intégralité sur noob-tv.com

Space Janitors

DES COMÉDIES SPATIALES

Ces dernières années nous avons vu fleurir sur le web de nombreuses comédies qui se déroulent dans le futur et dans l'espace. À priori, on peut penser que ce sujet, à cause des décors, costumes et effets spéciaux qui y sont naturellement attachés, réclame des moyens significatifs peu adaptés à l'économie des webséries. Mais il faut se rappeler que les plus grandes séries de science-fiction de la télévision ont été faites avec du carton-pâte et que la comédie n'a pas besoin de réalisme ou de spectaculaire, elle peut se contenter de suggérer. C'est bien connu : dans l'espace, on ne vous entend pas crier. En revanche, on pourrait bien vous entendre rigoler en visionnant l'une ou l'autre de ces savoureuses

Pour se propulser sur cette orbite des comédies spatiales, on peut commencer par la websérie ***Warz Pirates from Outer Space*** qui, comme son titre ne l'indique pas, est française, entièrement produite à Orléans, écrite par Brice Cousin et réalisée par Sylvain Zerbib. On y suit les péripéties mouvementées d'une bande de pirates à la poursuite d'un trésor presque aussi légendaire que leur incompétence.

• *Warz Pirates from Outer Space* : YouTube et sur www.warz-laserie.fr

comédies, un brin parodiques, qui tordent le cou des «space operas».

Une fois en apesanteur, vous pourrez vous laisser aller et découvrir quelques étoiles du web comme *Aglien*, *Space Janitors*, ou *Red Shirts*. ***Aglien*** est une websérie italienne qui parodie directement le film de Ridley Scott. C'est franchement jubilatoire, reprenant par l'absurde toutes les scènes du film culte, un peu dans l'esprit iconoclaste des «Naked Gun». Dans ***Space Janitors***, on suit le quotidien de ceux qui sont au cœur de toutes les grandes batailles galactiques et qu'on ne voit pourtant jamais : l'équipe d'entretien du vaisseau. Ici ce sont deux types qui n'ont pas du tout l'étoffe des héros et qui vont pourtant se retrouver plongés dans une aventure qui dépasse largement leurs attributions. C'est à peu près exactement le même pitch de départ pour ***Red Shirts*** une autre websérie parodique qui, elle, s'inspire directement de l'univers de *Star Trek* et dont les héros sont trois sous-fifres chargés d'opérer le téléporteur du vaisseau, mais qui outrepassent régulièrement les consignes.

- *Aglien* : disponible YouTube et sur aglien.com avec sous-titres anglais
- *Space Janitors* : YouTube et sur www.spacejanitors.com
- *Red Shirts* : disponible surYoutube

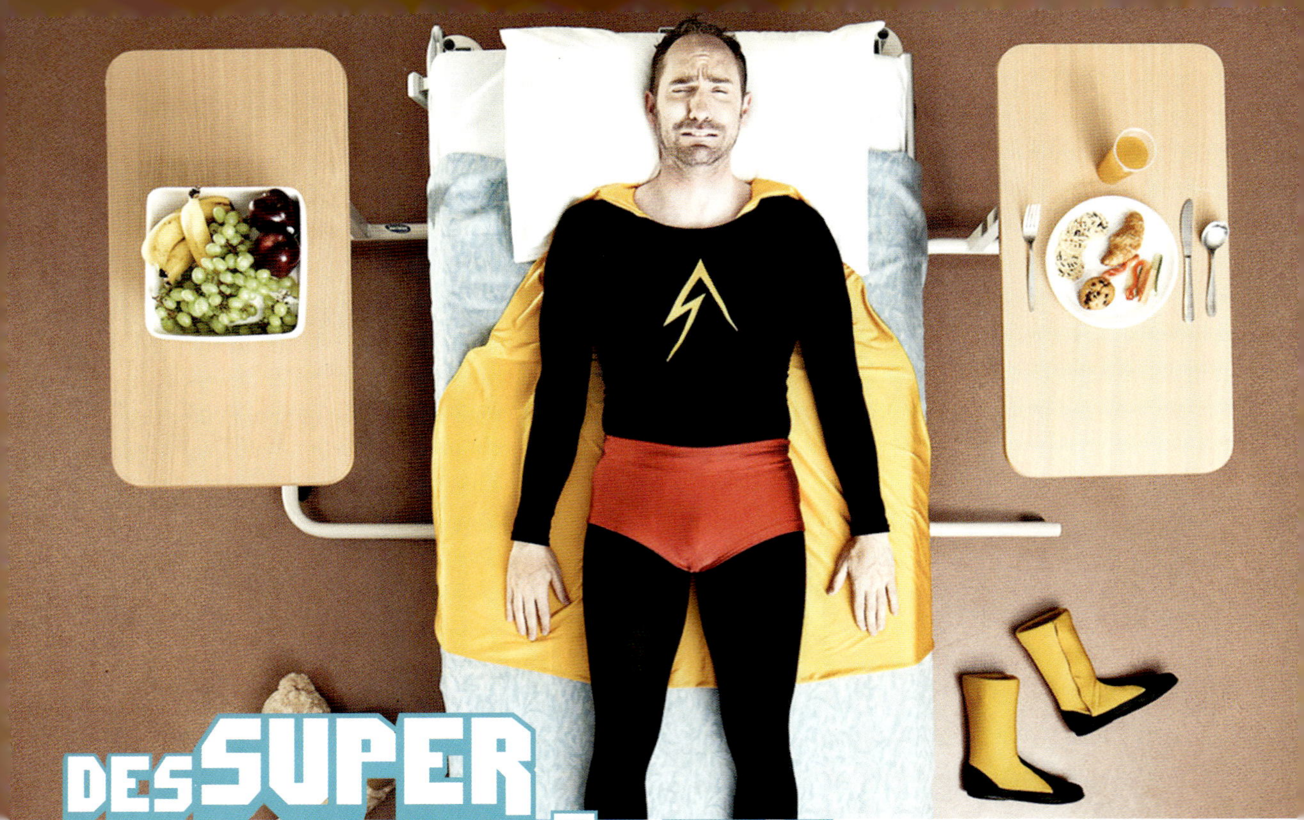

DES SUPER COMÉDIES

Un autre domaine de la culture contemporaine que «se payent» régulièrement les comédies du web, c'est l'univers des super-héros. Sur ce sujet, l'éventail des concepts va naturellement du vrai zéro au faux héros en passant par le super de trop. Le costume est obligatoire, les effets spéciaux sont optionnels.

Space Riders Division Earth est une déclinaison parodique de l'univers des Super Sentaï et une véritable perle d'humour absurde, mais hélas, au moment où j'écris ces lignes, encore réservée aux internautes nord-américains. Si vous voulez plus de héros en costume moulant bariolé, vous irez donc voir le pilote de ***SaturdayMan***, une

Altruman est une websérie australienne, une création de Stephen Sholl, Hannah Moon et Robin Geradts-Gill. C'est une comédie douce-amère avec un super-héros plongé dans une crise existentielle en apprenant qu'il a un cancer. Faite avec pas grand-chose, cette websérie parvient avec des traits d'humour mesurés à être très attachante.

- ***Altruman*** **: disponible sur YouTube**

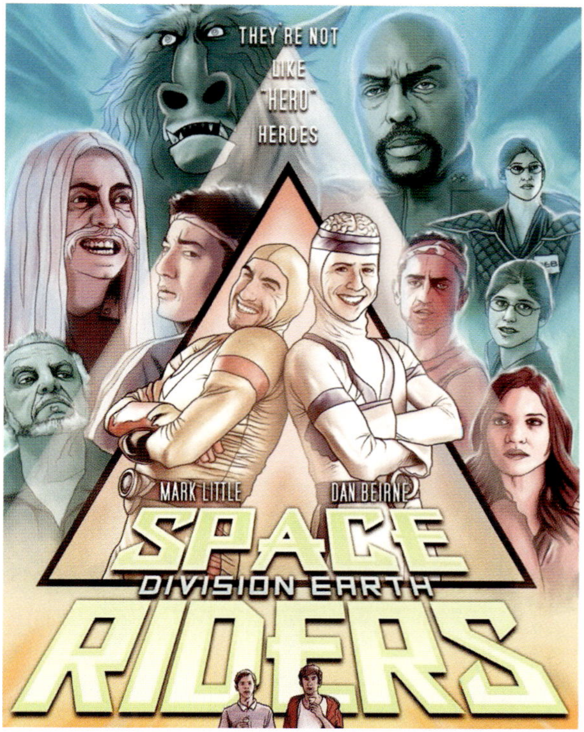

websérie belge en cours de production qui promet d'être une autre perle du web. Dans un style tout à fait différent, c'est une cafetière qui distribue des super pouvoirs à une bande de copains dans la websérie espagnole ***La Supercafetera***.

Ensuite, il y a une petite flopée de comédies tirées de l'univers des super-héros des comics. Une drôle de bonne idée sur ce thème des super-héros, c'est celle qui sert de point de départ à ***Shelf Life***, une websérie dont les héros sont tous super, mais sont aussi et surtout des figurines qui vivent sur une étagère dans la chambre d'un adolescent. À leur échelle, ils vivent des aventures épiques et affrontent des tas de monstres et de méchants aussi improbables qu'eux. Il y a déjà quatre saisons en ligne.

- ***Space Riders Division Earth :*** **disponible au Canada sur CTV.ca et aux U.S.A. sur Hulu**
- ***SaturdayMan :*** **disponible sur YouTube**
- ***La Supercafetera :*** **disponible sur YouTube**
- ***Shelf Life :*** **disponible sur YouTube et sur www.shelflifeseries.com**

En France, l'une de ces webséries «historiques» qui ont défriché la jungle du web et ouvert la voie à tant d'autres est justement une histoire de super-héros ou, plus précisément, de «Super Sentaï». En 1999, Alexandre Pilot et quelques copains réalisent un premier épisode de ***France Five***, pastiche franco-français de ces héros japonais. Ils le diffusent sur leur site et le montrent dans les conventions «geeks» car à l'époque les sites de partage qui permettent de mettre une vidéo en ligne pour le monde entier en quelques clics n'existent pas encore. La série rallie rapidement un bon réseau de fans et elle est même diffusée sur la chaîne *Game One*. Cinq autres épisodes suivront (ce sont des épisodes «longs» qui durent 25 à 40 mn), dont le dernier a été terminé en 2013. C'est un objet rare, car presque personne ne faisait de la fiction sur le web à la fin du siècle dernier, et culte parce que c'est une websérie qui a toujours revendiqué son indépendance et reste le «plaisir coupable» de toute une génération de «geeks» francophones.

•*France five* : disponible sur Youtube

Finalement, les webséries les plus réussies sont d'abord celles qui sont bien écrites et qui, comme les conteurs, savent déployer sous nos yeux des univers si curieux, des histoires si fascinantes, des personnages si attachants qu'ils deviennent, pour quelques minutes, une merveilleuse réalité. Dans ***Sweethearts of the Galaxy***, c'est une histoire toute simple, une petite romance de rien du tout sur fond de cosplay qui se transforme en une fable moderne et délirante où la situation subit une escalade sans fin. Il y a aussi le savoir-faire, la manière, le style, qui créent une atmosphère comme dans ***The Adventures of Superseven***, une parodie des films de série B, très bien imitée et rythmée à la perfection, qui est absolument jouissive. Et pour finir sur ce thème, on trouve facilement sur le web une grosse douzaine de parodies de Batman ou de Superman. Ce dernier est entre autres le héros d'une comédie américaine de 2011, ***Clark Kent Has a Dream*** qui a fait le tour de la toile malgré les trois bouts de chandelle dont elle est faite.

"THEY CALL ME SUPERSEVEN"

- ***Sweethearts of the Galaxy* : disponible sur YouTube**
- ***The Adventure of Superseven* : disponible surYouTube et sur www.super7evenspy.com**
- ***Clark Kent has a Dream* : disponible sur YouTube**

Justice Woman , web-série américaine de Vanessa Verduga, met en scène une jeune femme, employée comme assistante du procureur, qui combat l'injustice avec un collègue en dehors des heures de bureau. Là encore et comme dans beaucoup des meilleures webséries, les moyens qui manquent sont remplacés – avantageusement – par des situations originales et des dialogues savoureux, ici servis par un très bon casting.

- ***Justice Woman* : disponible YouTube et sur justicewoman.com**

Corn Cobs

DES COMÉDIES AU TRAVAIL

Bien sûr, toutes les comédies du web ne sont pas dans le genre fantastique. Au contraire, elles sont majoritairement ancrées dans des univers plus réalistes. L'un des tout premiers mots clés qui revient dans les synopsis des webséries c'est «travail». Et de fait, il y a pléthore de comédies sur le web dont les situations découlent directement de la profession des héros, des comédies au boulot.

Commençons par une profession qui enrichit la télévision depuis ses origines et qui a également toujours donné matière à rire : la police. Pas besoin de costumes, un badge ou une carte fait l'affaire et pour le décor, tous les bureaux ressemblent à un commissariat.

Sur ce sujet et dans le genre comique on est toujours dans la caricature, même si celle-ci a des degrés divers. En France, nous sommes plutôt méchants avec nos forces de l'ordre et nos comédies décrivent des policiers aussi bêtes que dangereux. Dans **I.P.M.** («Ivresse publique et manifeste») réalisée par Matthieu Morandeau dans un style qui rappelle *L'Inspecteur La bavure* et *Les Ripoux*, deux gardiens de la paix se retrouvent propulsés inspecteurs à la brigade criminelle pour résoudre une affaire à laquelle ils ne comprennent pas grand-chose. C'est parfois un peu brouillon, mais ça grouille de personnages truculents

• *I.P.M.* : disponible sur ipmserie.com
• *B.A.C.* : disponible sur YouTube

et de situations vraiment cocasses. Ce sont aussi deux inspecteurs qui sont les héros de **B.A.C.**, et pour le coup deux vrais spécialistes de la bavure. Ils suivent toujours leur instinct avant le règlement, ce qui nous vaut d'assister au «débriefing» qui suit chacune

Le héros de ***New Partner*** ne garde jamais longtemps le même collègue. En fait, on lui en assigne un nouveau à chaque épisode qui se fait tuer avant la fin, quoi qu'il arrive. Mais tout ce qui arrive est souvent (toujours) de sa faute. Des tas de vedettes du grand et du petit écran viennent jouer les victimes ou les méchants dans cette websérie.

• *New Partner* : disponible sur YouTube et Vimeo

de leurs désastreuses interventions. Ceux de ***Garde à Vue*** sont moins furieux, mais pas moins bêtes, même si les situations et les dialogues de cette websérie sont un peu plus fins. Enfin, dans la même veine mais en animation, vous pouvez voir les quatre épisodes de ***La Planque***, simples, mais assez efficaces.

Les Anglo-Saxons ne sont pas forcément plus respectueux avec leurs «cops», mais ils préfèrent le détournement ou la parodie et se moquent ouvertement des séries policières de la télévision. Par exemple, ***Handsome Police*** singe les «Cop Shows» des années 1970 avec deux flics «ami-ami» qui placent leur style et leur look au-dessus de toutes les lois.

Desert Patrol

Il ne risque pas d'arriver grand-chose aux deux flics de ***Desert Patrol*** parce qu'ils ne s'éloignent jamais de la caravane qui leur sert de quartier général. Au final, c'est probablement mieux pour toute la population environnante. Toutefois, n'allez pas penser que l'efficacité et la compétence sont du côté des bandits. Dans ***The Wrong Guys for the Job***, une paire de tueurs fait tout de travers dans une histoire interactive dont vous suivez les développements

La Planque

The Wrong Guys for the Job

en fonction de vos choix et que vous pouvez donc revoir plusieurs fois.

Un certain nombre de web-séries sont créées par des comédiens et comédiennes qui cherchent ainsi à «se faire voir» pour montrer l'étendue de leurs talents ou s'offrir un rôle qu'on ne leur donnerait jamais ailleurs. Mais la plupart du temps, ces comédiens trouvent le synopsis de leur websérie dans leur vie quotidienne. Il y a donc déjà un bon nombre de webséries dont les héros sont des acteurs plus ou moins débutants que l'on suit dans l'exercice périlleux et aléatoire de leur profession. C'est même en fait une spécialité de Los Angeles où l'on a produit jusqu'à présent au moins trois douzaines de web-séries sur ce sujet qu'on pourrait résumer

- ***Garde à vue*** **: disponible sur YouTube**
- ***La Planque*** **: disponible sur Dailymotion**
- ***Handsome Police*** **: disponible sur YouTube**
- ***New Partner*** **: disponible sur YouTube et Vimeo**
- ***Desert Patrol*** **: disponible sur YouTube**
- ***The Wrong Guys for the Job*** **: disponible sur YouTube et sur thewrongguys.com**

My Gimpy Life se démarque des autres histoires de comédiens dès les premières images du premier épisode. Car l'actrice que nous suivons dans cette websérie est clouée sur une chaise roulante. Cela n'altère en rien son talent, mais ça rend sa carrière énormément plus compliquée. L'actrice Teal Sherer raconte ici avec beaucoup de recul sa propre vie de comédienne handicapée. C'est aussi édifiant qu'enthousiasmant.

- ***My Gimpy Life*** **: disponible sur YouTube et sur mygimpylife.com**

par «ce n'est pas facile de se tailler un chemin dans la jungle d'Hollywood et il vaut mieux en rire». Il faut le dire, ce sont souvent des comédies un peu «opportunistes» et pas forcément inspirées ou très originales (elles ont tendance à raconter les mêmes galères de casting). Mais il y a tout de même quelques titres qui s'élèvent au-dessus de la mêlée.

Le problème de Chris Jericho, c'est d'être un catcheur mondialement célèbre. Il voudrait devenir un «vrai acteur», mais personne ne prend sa reconversion au sérieux. Il le raconte, en exagérant juste ce qu'il faut, dans la websérie ***But I'm Chris Jericho!*** où il prouve au monde entier qu'en plus d'être un monstre du ring, il pourrait bien être une bête de scène.

B***ill & Sons Towing*** se passe dans une fourrière de Toronto que gèrent quatre frères après le malaise cardiaque de leur papa. Plus précisément : c'est le quatrième, éduqué et responsable, qui est contraint de rejoindre les trois premiers qui n'ont jamais quitté le cambouis familial. C'est une véritable sitcom très bien écrite et très drôle (réalisée par Mark De Angelis, Charles Ketchabaw et Vivieno Caldinelli), interprétée par une troupe locale de comédiens franchement inspirés (The Imponderables).

- *Bill and Sons Towing* : disponible sur YouTube et sur www.billandsonstowing.com

En France, nos acteurs doivent être moins désespérés ou plus timides car les comédies qui parlent de «l'envers du décor» sont plus rares et surtout sous un autre point de vue. ***Le Régi. G*** est une websérie qui suit les journées plus que mouvementées d'un régisseur général sur un tournage où tout paraît tenir sur ses épaules. C'est bien rythmé et ça sonne très vrai. Dans ***Cast me if you can***, chaque épisode nous convie à une tranche de casting où nous ne voyons jamais les performances des candidats, ce qui n'est pas très grave car le photographe et la directrice de casting ont plus d'un tour dans leur manche pour les recaler. Et la websérie ***Jean Jean Acteur de complément*** nous entraîne à la rencontre de «Monsieur Jean», figurant à vie et meilleur espoir de lui-même.

Quand on n'est pas dans la police ou dans le cinéma, on travaille «pour de vrai». Et là on rigole plus encore, surtout si l'on est le spectateur. L'un des

- *But I'm Chris Jerico* : disponible sur YouTube et sur butimchrisjericho.com
- *La Régie G* : disponible sur YouTube
- *Cast me if you can* : disponible sur YouTube et sur www.avantposte.tv
- *Jean Jean Acteur de complément* : disponible sur YouTube

avantages évidents des «histoires de boulot», c'est qu'on peut les tourner dans un décor unique. C'est pratique et plus économique, ce qui convient parfaitement aux budgets des webséries et explique (aussi) le grand nombre de titres dont l'hypothèse de départ est le lieu de travail. Et puis, c'est le microcosme par excellence où l'on peut confronter les caractères, renverser les hiérarchies et se moquer de la nature humaine. Enfin, le travail est aussi une référence universelle que tout le monde connaît. Par conséquent, sur ce thème il y a une très longue liste de titres qui ont déjà été produits partout, avec à chaque fois des décors et des personnages différents.

Dealership prend pour cible les vendeurs d'une concession automobile et leur patron dans des épisodes burlesques et idiots (titrés «Aventures»). La composition de loosers des acteurs vaut le détour. Dans ***Savory Burger*** ce sont les employés d'un fast-food qui se tirent sans cesse la bourre, mais jamais pour servir les clients.

Les épisodes hilarants de ***Driver's Ed*** racontent la vie d'une auto-école tenue par un immigrant qui y enseigne surtout sa propre version du code de la route et tente d'inculquer à son fiston l'amour du métier et les bases du management. Le thème de ***Ma femme est pasteure*** est plus original

L'action de ***Research*** se déroule dans un laboratoire pharmaceutique pas très catholique où Barry Bostwick (de *Spin City*) interprète un scientifique dont les méthodes sont, elles, peu orthodoxes. C'est une websérie de très grande qualité produite avec des moyens et un savoir faire visibles.

- ***Research*** **: disponible sur YouTube**

Savory Burger

Ma femme est pasteure

encore (et unique à ce jour en websérie). Cette production suisse raconte, avec beaucoup d'humour et des inserts de séquences oniriques, le quotidien d'une jeune femme pasteure et de son mari qui tente de s'adapter tant bien que mal à la vocation de son épouse.

Enfin, et pour finir une liste qui pourrait être bien plus longue, il y a aussi des choses très simples, presque minimalistes, comme ***Dennis The Office Cobra***, une websérie où le travail n'est pas la santé, mais au contraire quelque chose de très venimeux. Chaque épisode est réalisé avec à peine un ou deux plans, un acteur et une marionnette muette. Dans l'australienne ***Corn Cobs***, deux vendeurs de maïs s'ennuient ferme sur le parking désert où est installée leur roulotte.

En France, on parle plus de chômage que de travail. Ce n'est pas une considération politique, mais la constatation qu'il faut bien faire en voyant le nombre impressionnant de webséries produites sur notre territoire et qui traitent du chômage ou de la recherche d'emploi. Au moins déjà trois dizaines dans mes archives. Certaines sont assez drôles, comme ***Jeune diplômée*** qui raconte «l'enfer» de chercher du boulot à partir

- ***Dealership* : disponible sur YouTube**
- ***Savory Burger* : disponible sur YouTube**
- ***Driver's Ed* : disponible sur YouTube**
- ***Ma femme est pasteure* : disponible sur YouTube et sur mafemmeestpasteure.ch**
- ***Dennis The Office Cobra* : disponible sur YouTube**
- ***Corn Cobs* : disponible sur YouTube**
- ***Jeune Diplômée* : disponible sur YouTube et sur jeunediplomee.com**

Corn Cobs

Mordante et réaliste, la websérie espagnole ***El Partido*** créée par Alex Rodrigo nous fait assister à l'ascension fulgurante d'un jeune politicien propulsé au sommet du pouvoir. Totalement inexpérimenté, il ne comprend pas qu'il est manipulé et tente de donner le change avec l'aide d'un conseiller en communication aussi débutant et enthousiaste que lui. Le même auteur a aussi écrit et réalisé une autre «fable sociale», mais cette fois sur un mode dramatique : *Libres* (voir plus loin dans cet ouvrage).

• *El Partido* : disponible sur YouTube

Oscar bac+5, chômeur

du point de vue d'une jeune diplômée sans emploi et sans argent, forcée de retourner chez ses parents en attendant de décrocher le job salvateur. ***Pause-Emploi*** est une autre comédie très bien faite dont le décor est une agence pour l'emploi où l'on essaye des méthodes modernes, mais pas forcément efficaces. Ma préférée reste toutefois ***Oscar bac+5, chômeur*** qui suit le véritable parcours du combattant d'un étudiant qui a réussi tous ses examens brillamment, mais qui comme des tas d'autres se heurte violement au mur du «marché du travail». Une comédie bien rythmée où l'on se dit toujours que «ça peut tout à fait être vrai». Elle a malheureusement récemment disparu de la toile.

Beaucoup d'autres «comédies du chômage», parce qu'elles n'osent pas aller assez loin ou bien tentent trop d'être «éducatives», sont un peu déprimantes. Heureusement il y a quand même aussi chez nous des comédies plus enthousiasmantes telles que ***J'aime mon job***, une websérie qui nous fait découvrir à chaque épisode un nouveau métier totalement insolite et unique, avec ses avantages et ses inconvénients. On rencontre par exemple une «attendrisseuse», une «plombeuse d'ambiance» ou encore un «fils d'appoint», tous des professionnels dans leur domaine.

Sur ce thème de la «comédie au travail», on pense bien sûr immédiatement à la série télévisée *The Office* qui, dans ses deux versions anglaise et américaine, est traitée sur le mode mockumentaire, un sous-genre particulier et en vogue ces dernières années.

J'aime mon Job

- ***Pause-emploi* : disponible sur le site de Studio4**
- ***J'aime mon job* : disponible sur YouTube**

Dans la websérie ***Le Département***, l'univers de l'entreprise devient totalement absurde et la jeune fille qui vient effectuer son stage dans le «département» va aller de surprise en consternation sans jamais comprendre la logique des choses.

- ***Le Département* : disponible sur YouTube**

DES MOCKUMENTAIRES

Les mockumentaires, ce sont des comédies tournées comme des documentaires, où les personnages peuvent s'adresser directement à la caméra et où l'on voit même parfois l'équipe de tournage. Cet effet de style donne plus de réalisme à l'action (la caméra est souvent «portée») et de la profondeur aux personnages qui confient directement leurs sentiments. Dans cette catégorie, ce sont les Anglo-Saxons qui sont champions. C'est un langage qu'ils maîtrisent et qu'ils apprécient mieux que nous autres, francophones, qui préférons parodier directement certaines émissions de télé-réalité. Le mockumentaire permet aussi une plus grande liberté de ton, parce que le spectateur est toujours complice de la comédie qui se joue devant lui, et les sujets abordés ou les situations présentées frôlent régulièrement les limites du «correct».

Dans ***Woodville***, se sont des Néo-Zélandais qui, eux, n'ont aucune sympathie pour les Belges. Ce faux reportage raconte la supposée bataille des habitants d'une petite communauté rurale contre un consortium pétrochimique belge. C'est une histoire énorme qui sert de prétexte à un portrait par petites touches de personnages impayables. Encore sur le thème du choc des civilisations, il y a ***Englishman in L.A.***, une comédie qui transporte un auteur anglais à Hollywood, lui fait perdre ses repères et bientôt son sang-froid.

D'autres mockumentaires préfèrent se moquer de certaines professions ou de certains groupes d'individus. Dans la websérie américaine ***DECo*** nous suivons l'équipe de campagne d'un candidat au poste de gouverneur, menée par un enthousiaste qui s'initie au management. Dans ***Plant***, une comédie aussi irrévérencieuse que désopilante et parfois « presque trop vraie », nous écoutons les confessions d'un couple qui a décidé de venir à la ville pour y construire un temple à la gloire de leur Seigneur.

- ***Woodville* : disponible sur YouTube**
- ***Englishman in L.A.* : disponible sur YouTube**
- ***DECo* : disponible sur YouTube et sur www.decowebseries.com**
- ***Plant* : disponible sur YouTube**

La websérie ***How to Talk Australians*** – une création de Tony Rogers et Rob Hibbert – se moque ouvertement des coutumes et du mode de vie des Australiens. Mais pour le faire, elle prend le point de vue des formateurs d'un centre d'appel en Inde qui ont une vision plus qu'imagée de ce pays à transmettre à leurs compatriotes.

- *How to Talk Australians* : disponible sur YouTube

The High Note est une websérie canadienne dans laquelle un guitariste inspiré forme un groupe avec des marginaux rassemblés dans un parc. C'est donc le cas de dire qu'ils partent de zéro. Mais ils pourraient bien aussi finir en dessous car leurs soucis commencent dès le choix du nom de leur groupe. Dans ***Plonk***, nous visitons les vignobles australiens en compagnie d'une équipe qui tourne une série de documentaires, et dans ***Yoga Town*** c'est le quotidien farfelu d'un cours de Yoga qui sert de trame à une comédie burlesque et caricaturale.

- ***Plonk :*** **disponible sur YouTube**
- ***Yoga Town :*** **disponible sur YouTube et sur watchyogatown.com**
- ***The High Note :*** **disponible sur YouTube et sur www.thehighnoteseries.com**

Claire et Michel est une websérie québécoise qui ravira les amateurs d'humour grinçant façon *The Office*. Claire et Michel vont avoir un enfant et ils ont décidé de lui offrir un documentaire sur « eux avant lui ». Plus on pénètre leur intimité au fil des moments que leur vole la caméra et plus on découvre qu'ils sont peut-être trop faits l'un pour l'autre.

- ***Claire et Michel*** **: disponible sur YouTube**

Clark and Michael est une websérie produite par CBS en 2007 et conçue par Michael Cera et Clark Duke. Les deux jeunes comédiens y interprètent leur propre rôle et se font suivre par une caméra tandis qu'ils écrivent un pilote de série et tentent de le vendre à une chaine de télévision. Ils se moquent d'eux-mêmes et de tous ceux qui leur tournent autour. En partie improvisée, cette websérie rassemble de nombreux guests.

- ***Clark and Michael*** **: disponible sur YouTube**

Half Sisters

DES COMÉDIES EN FAMILLE

Après le lieu de travail, la famille est un autre microcosme idéal pour la comédie. Naturellement influencés par les sitcoms qui sont une spécialité de leur télévision, les Anglo-Saxons se plaisent beaucoup dans ce sujet. Mais on trouve aussi quelques bonnes comédies francophones qui s'amusent sur ce même thème.

Les premiers clowns du grand cirque familial, ce sont bien sûr les parents. Ils en

La plus étrange et la plus délicieuse comédie «paternelle», c'est encore la websérie canadienne ***Convos With my 2 Years Old*** qui rejoue des scènes de la vie quotidienne réellement vécues entre un père et sa fille, mais en remplaçant la gamine par un acteur adulte. C'est en même temps hilarant et très mignon.

• ***Convos with my 2 Years Old* : disponible sur YouTube**

font trop, ils n'en font pas assez ou bien ils ne savent tout simplement pas y faire.

Certains papas sont totalement responsables de leurs comportements extravagants, ils sont «à fond» et ils en font des tonnes. Celui de la websérie québécoise ***Papa d'estrades*** ne rêve que de trophées sportifs pour ses enfants. À moins que ça ne soit pour sa propre fierté. Seulement, son enthousiasme qui vire au fanatisme est parfois contreproductif. Celui de ***Dad Drives***, une comédie américaine, refuse absolument de prêter sa voiture à son étudiant de fils qui va donc

passer l'été à «se faire conduire» de situation gênante en embarras public.

Les mamans de comédie parviennent à sauver les apparences, mais leur assurance est une façade et en coulisse elles révèlent leurs «trucs» et leurs états d'âmes. C'est par exemple le principe de deux webséries américaines qui ont d'ailleurs presque le même titre. Dans

Dans la websérie tout simplement intitulée ***Papa***, l'acteur Laurent Cyr accompagné d'un fils invisible se retrouve dans diverses situations banales et parvient toujours à se fourrer dans une impasse dont il tente ensuite maladroitement de s'extirper.

• *Papa* : disponible sur YouTube et sur papalawebserie.com

Real Mommy Confessions et ***Mommy Uncensored : Confessions of a Real Mom*** nous découvrons «la vraie vie» des mamans, pas forcément toujours responsables et souvent obligées d'improviser pour faire face. En français on peut voir la websérie ***Maman Solo*** où Juliette,

- ***Papa d'estrades*** **: disponible sur tv5.ca**
- ***Dad Drives*** **: disponible sur YouTube**
- ***Real Mommy Confessions* :** **disponible sur Vimeo et sur www.realmommyconfessions.com**
- ***Mommy Uncensored*** **: Confessions of a Real Mom : disponible sur YouTube** ***et sur www.uncensoredmom.com***
- ***Maman Solo*** **: disponible sur YouTube et sur Vimeo**

Maman Solo

Quand ils s'y mettent à deux, les parents sont deux fois plus fous. Ceux de la websérie américaine ***Matumbo Goldberg*** (à laquelle participent Jenna Elfman, Anthony Anderson ou encore Michael Lerner) sont carrément en dehors de toute réalité. Ce couple qui ne peut pas avoir d'enfant a décidé d'adopter un enfant étranger et ne se pose pas (trop) de questions en voyant débarquer chez eux un adulte prétendant être un réfugié et qui est en fait un pique-assiette profitant de leur naïveté. Cette série illustre bien un autre avantage du format des webséries : on peut y développer de bonnes idées qui ne seraient pas forcément viables sur la longueur, mais qui fonctionnent parfaitement en quelques épisodes.

- ***Matumbo*** **: disponible sur Vimeo et sur YouTube**

une mère célibataire de 35 ans, se rend compte qu'elle n'a laissé aucune place pour une histoire d'amour dans sa vie et décide qu'il n'est pas trop tard. Mais c'est loin d'être si simple car son quotidien n'est pas vraiment un fleuve tranquille.

Si vous voulez faire un concours, comparez vos parents avec ceux de ***My Parents are Crazier Than Yours***. Dans cette comédie une jeune femme au chômage se retrouve forcée de retourner vivre chez ses parents qui réussissent à la rendre folle en seulement trois épisodes de dix minutes. Quant à ceux de ***Homeschooled***, ils ont décidé de garder leur fils pour eux toute la journée en le scolarisant à la maison. Enfin, ils n'avaient pas vraiment le choix car le fiston en question a été expulsé de son collège. Mais celui-ci va apprendre à ses dépends qu'il aurait mieux fait de se tenir tranquille quand toute sa famille va se transformer en professeurs, surveillants et proviseur finalement pas si cools que les vrais.

La websérie française ***Psychomaton*** (de Matheo Capelli) est un défilé de papas et mamans stressés, irresponsables, incompétents ou simplement sincères qui se confient (et se défoulent) face à la caméra dans des épisodes très courts souvent percutants.

- ***Psychomaton*** **: disponible sur le site de Studio4**

- ***My Parents are Crazier Than Yours*** **: disponible sur YouTube**
- ***Homeschooled*** **: disponible sur YouTube et sur watchhomeschooled.com**
- ***Half Sisters*** **: disponible sur YouTube et sur halfsistersshow.com**

Les frères et les sœurs ne sont pas plus raisonnables ni moins décalés et il est toujours facile de les mettre en scène comme chiens et chats. Dans ***Half Sisters***, trois jeunes femmes croient être les uniques héritières de leur papa, mais découvrent qu'elles sont en fait demi-sœurs et qu'en guise d'héritage, elles doivent reprendre ensemble le curieux business paternel.

DES COMÉDIES EN COUPLE

Avant qu'il y ait une famille, il doit y avoir un couple. Là encore, comme à la télévision, on trouve sur le web de nombreuses fictions qui parlent de la vie de couple. Mais encore une fois, on peut se permettre sur internet beaucoup plus que ce qui est autorisé à la télévision. Le langage, les situations, les orientations et même les positions ne sont pas soumis à la même censure tant qu'on ne donne pas dans la pornographie. Les auteurs profitent pleinement de cette liberté pour placer des concepts qui commencent là où s'arrête «la télévision pour tous».

Qui dit couple dit, à un moment ou un autre, chambre à coucher. Il doit déjà exister au moins une douzaine de webséries qui se passent sur l'oreiller et tournent les câlins en dérision. Les épisodes de la websérie brésilienne

Oposto do Sexo s'intitulent tous «Tentative» et détaillent en fait tout ce qui peut arriver «à ce moment-là». L'originalité de ce programme (disponible avec des sous-titres français), c'est que les sketches, qui ne font que filmer un lit et le couple qui l'occupe, évoluent vers une véritable histoire à suivre qui se conclut dans le tout dernier épisode. C'est le même principe du lit pour seul décor qui guide la websérie française ***Breaking Bed***, mais cette fois c'est «au cœur de l'action» que nous surprenons le couple, un moment où un simple geste ou un seul mot peut tout faire basculer.

La liberté dont jouissent les webséries leur permet d'aborder de front des sujets que les médias traditionnels traitent avec des pincettes. Ce format est ainsi devenu un support pour l'expression

H***usbands*** est une «one-cam sitcom» américaine qui a eu un grand succès mérité et qui aborde des tas de «questions sensibles». Elle raconte en deux saisons l'histoire d'un acteur et d'un joueur de baseball qui se retrouvent du jour au lendemain sous le feu des caméras parce que la veille, après une soirée arrosée, ils se sont mariés à Las Vegas. Malgré le raz-de-marée médiatique que déclenche leur brusque coming out, ils décident d'assumer leur décision et de vivre leur histoire au grand jour. C'est drôle et plus percutant que beaucoup de discours. C'est une création de Brad Bell et Jane Espenson.

• *Husbands* : disponible sur App Store et Google Play

de diverses communautés et minorités qui se sentent «oubliées» ou sous-représentées à la télévision. La plus active sur le web est assurément la communauté homosexuelle qui a déjà produit des dizaines de webséries dans tous les genres et notamment des comédies qui, pour dénoncer l'intolérance ou rétablir la vérité, ont choisi le parti d'en rire.

Dans la websérie anglaise ***The Vessel***, nous suivons un autre couple d'hommes qui se sont lancés dans une aventure plus audacieuse encore : la procréation avec l'assistance d'une mère porteuse. L'originalité des épisodes, en partie improvisés, c'est que toute l'action est vue par les yeux de cette jeune femme. Dans un registre totalement différent, la «comédie romantique lesbienne» ***Easy Abby*** est également une très belle histoire, très bien réalisée et interprétée, dans laquelle Abby, qui n'a jamais été amoureuse et s'en vante, se met à douter de sa capacité à aimer.

- ***Oposto Do Sexo*** **: disponible sur YouTube**
- ***Breaking Bed*** **: disponible sur YouTube**
- ***the Vessel*** **: disponible sur YouTube**
- ***Easy Abby*** **: disponible sur YouTube et sur easyabby.com**

Une websérie qui est pour tout le monde, mais peut-être plus particulièrement pour les hommes : ***Martin, sexe faible***. Dans cette comédie écrite par Juliette Tresanini, Paul Lapierre et Antoine Piwnik et coproduite par France Télévisions, Martin se retrouve non pas «dans la peau» d'une femme, mais dans la vie d'une femme. Tous les épisodes jouent des situations sexistes, mais inversées, en mettant les femmes à la place et dans les attitudes des hommes. C'est aussi drôle que pédagogique.

- *Martin, sexe faible* : disponible sur YouTube et sur le site de Studio4

Les Textapes d'Alice

Des comédies romantiques (ou pas)

Quel que soit le genre, tout commence avec une rencontre, «a date» comme disent les Américains à longueur de dialogues. Sur ce thème, il y a des dizaines et des dizaines de webséries qui ont déjà été produites, au risque peut-être d'épuiser toute possibilité de proposer désormais un traitement vraiment original de cette situation, certes universelle, mais qui se résume toujours au fameux «boy meets girl».

Avec ***Romantic Encounters*** , l'actrice Melinda Hill fait ses débuts dans la websérie avec une histoire où son personnage va de catastrophes amoureuses en désastres sentimentaux. Les romances d'Alice, l'héroïne de la websérie française ***Les Textapes d'Alice***, ne sont pas forcément plus joyeuses, mais au moins elle ne se fait aucune illusion, et tandis que la caméra nous montre ce qu'elle voit, ses textos et les réponses qu'elle reçoit nous racontent toujours une autre version de l'histoire, plus crue et plus vraie. Cette websérie est souvent citée en exemple lorsque l'on parle de «nouvelles écritures» et c'est tout à fait justifié car elle est très inventive et parfaitement rythmée.

- ***Romantic Encounters*** **: disponible sur YouTube et sous-titrée sur le site de Studio4**
- ***Les Textapes d'Alice*** **: disponible sur YouTube et sur le site de Studio4**

Avant de commencer à dire que l'amour «c'est compliqué» et d'en rigoler, pourquoi ne pas débuter par une comédie résolument optimiste ? À vrai dire, c'est à ce jour la plus belle «Rom Com» jamais produite pour internet, un bijou d'humour sensible et tendre. **Pairings** est une fable romantique qui commence par un pari stupide à partir de l'hypothèse que les femmes ne résistent pas à un homme qui cuisine pour elles. Les épisodes sont introduits et «aromatisés» par les recettes que confectionne le héros, lequel va passer par tout un tas «d'aventures» avant de conclure une histoire qui va aussi changer son entourage. C'est magnifiquement réalisé (Ed Robinson) et unanimement reconnu comme un chef-d'œuvre des formats courts.

- *Pairings* : disponible sur pairingstheseries.com

Les aventures riment aussi avec rupture. La websérie ***Break-Ups*** leur est entièrement consacrée. Elle en enchaîne des dizaines regroupées par poignées dans des épisodes de trois minutes. Initialement conçue et présentée aux États-Unis, cette série a finalement été produite en Suisse. Dans la websérie française ***Nana*** en revanche, la rupture est déjà consommée. Le fiancé s'est envolé mais elle, elle croit encore qu'il va revenir la surprendre et lui déclarer son amour. Les épisodes sont comme de petites chroniques du pathétique. Le héros de ***Darren has a Break Down*** – une websérie anglaise très bien réalisée et très bien interprétée par de jeunes artistes – a lui aussi essuyé une vilaine rupture qui l'a fait déraper. Et sa vie se retrouve à l'envers parce qu'un juge le condamne à suivre un traitement. Mais ce n'est que le début de ses mésaventures car Darren a un talent certain pour se mettre dans des situations compliquées. Quant à Jérôme, le personnage principal de ***Faaail !***, il va de déconvenue en échec à chaque séance du «speed dating» auquel il s'est inscrit.

Quand l'alchimie de l'amour réussit, les soucis ne sont pas envolés pour autant. Les jeunes mariés de la websérie

Nana

Darren has a Break Down

Our Studio se sont installés dans un minuscule studio new-yorkais où ils «vivent le rêve» en tentant de ne pas se cogner contre les murs. Le couple de ***Jon and Jen are Married*** s'ennuie tellement ensemble qu'ils se mettent à faire n'importe quoi pour pimenter leur mariage. Rien ne les arrête, pas même le crime. Quant à Peter Pan et Wendy Darling, ***The New Adventures of Peter and Wendy*** les montre toujours ensemble des années après leurs aventures dans le Pays Imaginaire. Ils ont grandi, mais Peter n'a pas beaucoup mûri et si leur amour est resté très fort, il faut désormais régulièrement ranimer la flamme.

- ***Break-Ups :*** **disponible sur Vimeo, sur le site de la RTS et sur le site de la RTBF**
- ***Nana :*** **disponible sur YouTube**
- ***Darren has a Break Down :*** **disponible sur YouTube**
- ***Faaail ! :*** **disponible sur YouTube**
- ***Our Studio :*** **disponible sur YouTube et sur www.ourstudiowebseries.com**
- ***Jon and Jen are Married :*** **disponible sur YouTube et sur jonandjenaremarried.com**
- ***The New Adventures of Peter and Wendy :*** **disponible sur YouTube et sur newpeterwendy.com**

La websérie allemande ***Emma's Welt*** (sous-titrée en anglais) est une comédie romantique presque «classique» où une jeune fille rondouillarde et gourmande se retrouve littéralement à la rue à Berlin et trouve une chambre à louer... chez son grand amour du lycée.

- ***Emma Welt*** **: disponible sur YouTube**

Enter the Dojo

DES SKETCHES

S'il y a un genre capable d'aborder tous les thèmes, c'est le sketch. C'est une catégorie de fiction très populaire et il y a en permanence des dizaines de programmes qui tournent en même temps sur le web.

Les webséries à sketches (les vraies) sont les descendantes directes des sketches de la télévision. En Angleterre, c'est un genre particulièrement prisé qui a toujours été à l'antenne et qui a donné d'immenses succès populaires. Sur le web, les sketches ne se rassemblent pas en « shows » d'une demi-heure. Ils se diffusent un par un, au fur et à mesure de leur production, et s'accumulent sur des « chaînes » dont certaines existent depuis des années. Beaucoup sont en fait des « multi-channels » qui diffusent leurs programmes sur plusieurs plateformes ou supports en même temps. L'une des plus anciennes et assurément la plus célèbre de ces chaînes de sketches, c'est Funny or Die. Ce canal a été lancé en 2007 par l'acteur Will Ferell et propose des sketches que le public peut juger pour qu'ils continuent ou s'arrêtent. Depuis, des tas d'autres chaînes ont fleuri sur le même principe avec plus ou moins de succès. Comedy Central, College Humor ou Above Average par exemple sont aujourd'hui aux États-Unis parmi les plus créatives et les plus intéressantes.

En France, nous avons aussi des chaînes «vedettes» que tout le monde connaît, dont on aime et partage les sketches, et qui cumulent des millions

Lorsque l'on parle de sketches sur le web, on entend souvent citer des programmes qui sont en fait totalement à part : les vidéos des fameux «Youtubeurs». On les nomme ainsi car leur phénomène, qui se décline dans tous les pays et rassemble des centaines de millions de vues chaque jour tout autour du monde, est d'abord apparu sur YouTube et continue d'y prospérer. Leurs vidéos, où ils s'épanchent avec plus ou moins d'esprit et plus ou moins d'honnêteté sur tel ou tel sujet, peuvent effectivement être assimilées à des sketches, mais il serait hasardeux de les comparer à ceux qui s'inscrivent dans la tradition télévisuelle. Les youtubeurs interprètent toujours leur propre personnage, la plupart du temps dans le même décor et face caméra, et leurs performances se rapprochent plus du «stand up» que de la comédie scénarisée. Tournés presque exclusivement vers un public jeune ou adolescent, ils surgissent et disparaissent sur la toile au gré de l'humeur de leur public.

Au Brésil, les chaînes de sketches sont de gigantesques succès qui font des dizaines de millions de vues chaque semaine. **Porta dos Fundos** et **Parafernalha** sont les deux premières, alimentées chacune par un collectif d'auteurs et comédiens. Dans leurs sketches, ces deux chaînes s'appliquent à caricaturer la vie quotidienne des Brésiliens, à détourner les expressions à la mode ou les sujets de société du moment. Porta dos Fundos est classée dans les dix premières chaînes de comédie sur internet au monde.

• Porta Dos Fundos : disponible sur YouTube

• Parafernalha : disponible sur YouTube

de vues. La plus connue est **Golden Moustache** où défilent depuis 2012 des tas de comédiens et humoristes français. Cette chaîne est rattachée au groupe M6 et elle a pour concurrente celle du **Studio Bagel** liée au groupe Canal+. Il n'y a toutefois aucune compétition (apparente) entre ces deux canaux car ils profitent de la même manière de leur notoriété et de l'appétit constant des internautes pour une

bonne tranche de sourire. Bien sûr ils ne sont pas les seuls, et des tas d'autres chaînes de sketches existent qui, certes, sans les mêmes moyens financiers ne peuvent avoir la même régularité de diffusion, mais produisent elles aussi des choses très drôles. La plupart de ces plateformes indépendantes, sinon toutes, sont l'œuvre de collectifs rassemblant réalisateurs, comédiens, scénaristes et techniciens. C'est ce qu'on appelle le «collaboratif», une mise en commun des compétences et du matériel de chacun au service d'une production dont tout le monde bénéficie au final, ne serait-ce que par l'expérience acquise.

Certaines webséries à sketches suivent un thème ou se concentrent sur des personnages particuliers. Par exemple ***Enter the Dojo*** est une série de leçons de «Master Ken», inventeur de techniques mortelles et d'un art martial unique, le «Ameri-Do-Te». De la même

- **Golden Moustache : disponible sur YouTube, Dailymotion et goldenmoustache.com**
- **Studio Bagel : disponible sur YouTube, Dailymotion et studiobagel.com**
- ***Enter the Dojo* : disponible sur YouTube et sur enterthedojoshow.com**

manière, ***I Don't Know how to Cook*** présente les recettes de Chef Chet, un incompétent doublé d'un ignorant qui tente sa chance sur ce créneau évidemment populaire, mais qui ne fait aucun effort pour bien faire. Dans ***Dick Doblin Privateye*** les épisodes sont des tutoriels pour apprendre les bases du métier de détective privé. Dick nous dit ce qu'il faut faire et nous montre surtout comment ne pas le faire.

Les personnages de ***The Popcorn Show***, autre production française (du collectif Popcorn Factory), ne bougent presque jamais de leur fauteuil. Tous les épisodes se situent dans une salle de cinéma où chaque séance se mue en une situation saugrenue. C'est plein de références amusantes et de détails au second plan, et même les bandes sonores des films qu'on entend sont savoureuses. C'est une websérie qu'on peut voir plusieurs fois.

• ***The Popcorn Show*** **: disponible sur YouTube**

Vous enrichirez avantageusement vos favoris avec des chaînes comme ***Le Meufisme*, *On habite au 65*, *Ça tombe bien*, *Salut les Copines*, *La Cour des Glands*** ou encore ***La vie Absurde de deux Connards***. Ce sont toutes des productions françaises qui, chacune dans un genre et un style différents, vous donneront à rire toutes les semaines.

• ***Toutes ces chaînes sont disponibles sur YouTube***

Et puis, encore dans la grande tradition du cabaret et de la télévision, il y a les duos de comédiens qui créent des paires de personnages à la fois complices, complémentaires et antagonistes. Dans ***Chris and Josh*** ce sont deux adolescents australiens, deux potes qui expérimentent ensemble les «choses de la vie» : les filles, les jobs, leurs mères et le monde en général. En Grèce, il y a ***Mr Panos*** qui, en marcel devant la caméra, déblatère sur la situation du monde et de son pays avec un accent à couper au couteau et des formules à l'emporte-pièce.

Enfin, il y a aussi des sketches qui s'organisent en série autour d'un

- ***I Don't Know how to Cook*** **: disponible sur YouTube**
- ***Dick Doblin Privateye*** **: disponible sur YouTube**
- ***Chris and Josh*** **: disponible YouTube et sur chrisandjoshseries.com**
- ***Mr Panos*** **: disponible sur YouTube**

certain principe. ***Last Minute Twists*** par exemple propose des vidéos courtes où tout bascule au dernier moment, et qui sont réalisées par différents réalisateurs du monde entier. Et dans la websérie québécoise ***J'aime pas***, un couple liste toutes ces choses qu'il et elle n'aiment pas, et leurs opinions sont expliquées par des séquences «vécues».

Les sketches utilisent souvent la parodie, le détournement, le pastiche. Mais ce principe est aussi utilisé par des webséries «à suivre», des comédies qui s'appuient sur une référence connue ou grossissent les effets de style d'un genre particulier.

- ***Last Minute Twists*** **: disponible sur YouTube**
- ***J'aime pas*** **: disponible ztele.com**

La comédie française ***Vestiaires Libérés*** , qui est en fait un complément web de la shortcom télévisée *Vestiaires*, nous raconte l'Histoire d'un point de vue original : celui des handicapés, présents à toutes les grandes dates de l'humanité, mais sans cesse victimes de la censure ou de l'intolérance. Le ton est mordant et il y a des absurdités hilarantes dans cette création de Fabrice Chanut et Adda Abdelli sur une réalisation de Maxime Potherat.

- *Vestiaires Libérés* : disponible sur YouTube et sur le site de Studio4

Pete Winning

DES COMÉDIES "À LA MANIÈRE DE"

Il y a différentes manières de faire lorsqu'on réalise une parodie. La première, c'est de coller au plus près d'un style ou d'un genre connu du public et d'introduire dans la «copie» des éléments plus ou moins loufoques. ***The Pantsless Detective*** est une comédie américaine en noir et blanc qui copie le style des films noirs. De la musique jusqu'aux costumes, tout est calqué sur le modèle, mais sans se soucier de l'époque et surtout avec un personnage de détective ahuri et un scénario absurde, plein de quiproquos qui font long feu et de dialogues idiots. La websérie australienne ***Noirhouse*** est sur

Invention With Brian Forbes tourne en dérision les talk shows avec un sempiternel inventeur et expert totalement à côté de toutes les plaques qui s'invite à chaque émission du pauvre Brian Forbes.

• *Invention With Brian Forbes* : disponible sur YouTube et sur daveandtom.com

la même référence, mais avec un trio en huis clos et sur un ton un peu moins burlesque. Les scripts jouent avec les clichés et avec notre perception de scènes mille fois déjà vues, et détournées ici au dernier moment.

Pete Winning and the Pirates est une websérie canadienne qui mêle science-fiction et aventures à la Douglas Fairbanks. Pete Winning et son équipage y naviguent dans un Canada recouvert par les eaux à la suite du réchauffement planétaire, et y affrontent des bandits au service d'une reine despote. Toujours sur un mode «rétro», la websérie irlandaise

The Day They Came to Suck out our Brains parodie à merveille les films de série Z des fifties pour nous raconter une invasion extra-terrestre dans une espèce de clin d'œil à la fameuse version radiophonique de *La Guerre des mondes* par Orson Welles.

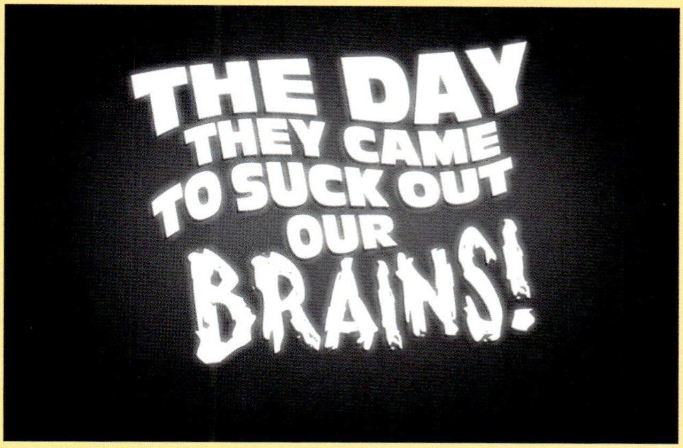

• ***The Day They Came to Suck out our Brains*** **: disponible sur Vimeo**

A Quick Fortune place son action à «la Belle Époque» et prend des airs de mélodrame pour raconter les tentatives d'un couple pour faire facilement fortune avec des plans sur la comète qui finissent toujours en queue de poisson.

D'autres productions sont plus subtiles dans leurs références et si elles se rattachent directement à un modèle évident, elles le copient ironiquement. La websérie anglaise ***Wimpole Street*** se moque des personnages des «epoca dramas» dans un faux reportage sur une famille d'aristocrates dont le père

- ***The Pantsless Detective*** **: disponible sur YouTube**
- ***Noirhouse*** **: disponible sur YouTube et sur noirhouse.com**
- ***Pete Winning and the Pirates*** **: disponible sur YouTube**
- ***A Quick Fortune*** **: disponible sur YouTube et sur aquickfortune.com**
- ***Wimpole Street*** **: disponible sur YouTube**

Noirhouse

semble s'être enfui du foyer sans donner d'adresse. Le décalage est total parce que ces personnages sont censés être filmés par des journalistes du XIXe siècle.

Enfin, il y a une comédie qui n'est pas tout à fait une parodie, mais qui joue comme les précédentes sur notre connaissance préalable d'un univers particulier, en l'occurrence ici celui de la franchise Harry Potter. Dans ***Harry Potter And The Ten Years Later*** tout est dans le titre, il s'agit de nous montrer ce qu'il est advenu de l'apprenti sorcier et de ses amis dix ans après leurs aventures à Hogwarts.

Wimpole Street

- ***Harry Potter and the Ten Years Later* : disponible sur YouTube**

Positive Sinking

QUELQUES SITCOMS À RETENIR

Jusqu'à présent, il n'existe pas de websérie du type «five cam sitcom» alors que c'est un genre extrêmement populaire à la télévision. Cela tient bien sûr aux moyens et au savoir-faire qu'exige ce type de programme. Les webséries font donc plutôt dans le «one cam sitcom». En fait, plusieurs titres présentés précédemment peuvent être considérés comme des sitcoms, mais certaines webséries sont franchement typiques de ce genre. En premier lieu les comédies de colocataires («roommates») qui (elles aussi) sont nombreuses. Il y en a même tellement qui ont été produites et qui continuent à sortir qu'elles finissent par se ressembler toutes, avec leurs séquences canapé obligatoires et leurs histoires plus ou moins vécues de cohabitation plus ou moins extravagante. Dans ce gros tas, il y a toutefois quelques titres remarquables qui ont pris la peine d'ajouter quelque chose de plus au simple « ils vivent ensemble et c'est drôle ».

L'espagnole ***Sin Vida Propria*** suit un groupe d'amis qui seront très bientôt trentenaires, qui se cherchent parce qu'ils sont un peu perdus, et qui aimeraient donner un sens à leurs vies.

Avec une production très soignée et des interprètes impeccables, la websérie argentine ***Estilo Esther*** de Pedro Levati est un régal. L'action se déroule dans un salon de beauté et l'histoire commence alors qu'on découvre la patronne raide morte dans son bureau. Qui a fait le coup ? Tout le monde a un motif et un alibi, et chaque épisode superpose une nouvelle version du déroulement de la matinée.

• *Estilo Esther* : disponible sur YouTube

Cela fait déjà quelques années que la Radio Télévision Belge Francophone (RTBF) s'intéresse aux fictions pour le web. Chaque année elle organise un appel à projets, produit les pilotes de quatre projets finalistes et finance une saison complète du concept gagnant. En 2014 c'est ***Euh***, le concept présenté par Brieuc de Goussencourt, Grégory Beghin et Ben Dessy, qui l'a emporté. C'est l'histoire d'un jeune homme qui est maladivement et constamment indécis. Incapable de prendre la moindre décision, il se retrouve à l'aube de la trentaine sans copine, sans travail et sans but. Un ami lui conseille de s'inscrire à une thérapie où il va faire une rencontre.

• *Euh* : disponible sur rtbf.be/webcreation

Dans l'allemande ***Positive Sinking***, ce sont les tribulations d'un chômeur qui monte un service de limousine. Très vite, la comédie dépasse largement ce cadre et l'entraîne dans quelque chose de plus énorme encore, toujours sur un rythme trépidant. C'est véritablement hilarant par moments, et toujours très bien mené avec une magnifique performance de l'acteur principal, Martin Maria Eschenbach.

Toujours sur le même principe de la bande de copains réunie en un même

• *Sin Vida Propria* : disponible sur YouTube
• *Positive Sinking* : non disponible au moment où nous mettons sous presse
• *Spaniards in London* : disponible sur YouTube et sur spaniardsinlondon.com

• *Ritals* : disponible sur YouTube

• *Authentik* : disponible sur YouTube, sur Vimeo et sur serieauthentik.com

En France, il y a deux Italiens qui sortent du lot, les deux protagonistes de la websérie ***Ritals*** qui tentent de s'adapter à la grisaille parisienne et aux mœurs françaises. C'est écrit avec des tas de clins d'œil pour les deux côtés des Alpes par Svevo Moltrasio, qui est aussi interprète avec son complice Federico Iarlori. Et il y a aussi ***Authentik*** , une série d'Anthony Lemaitre dont tous les épisodes se passent «au pied des immeubles» et qui sont des tranches de vie de Ben, un jeune «adulescent» qui gère avec flegme et naïveté ses amis, ses amours et ses emmerdes.

lieu, ***Spaniards in London*** raconte le quotidien de jeunes Espagnols partis voir à Londres si l'herbe y est plus verte. ***San Fran Land*** est une belle production américaine où une femme trompée décide de rejoindre deux copines à San Francisco. Là, elle recommence sa vie et retrouve l'insouciance de sa jeunesse. À l'opposé en terme de production, il y a la minimaliste, mais non moins drôle ***Bathroomies*** où quatre personnages partagent un minuscule appartement qui est en fait une seule salle de bain. Il n'y a pas beaucoup plus de moyens dans ***My Roommate the Cylon***, mais si vous êtes un adepte de Battlestar Galactica vous savourerez cette petite comédie potache.

Et enfin, dans un style et sur un thème totalement à part et jusqu'ici inédit, il y a ***An African City***. Cette websérie qui se définit comme «une version ghanéenne de *Sex and the City*» raconte le retour au pays natal de cinq femmes qui ont fait carrière ailleurs, et évoque des sujets aussi sensibles que la contraception ou la place des femmes dans la société. Beaucoup plus «légère», la série française ***Zikos*** suit les trois membres d'un groupe de rock amateur, racontant leurs répétitions, leurs enregistrements, leurs concerts entre épique et pathétique, et leurs sessions qui ne déménagent rien. On sent qu'il y a beaucoup de vécu dans ces épisodes qui se transforment parfois en clips parodiques hilarants.

Zikos

- *San Fran Land* : disponible sur sanfranlandseries.com
- *Bathroomies* : disponible sur bathroomiestheseries.com
- *My Roomate the Cylon* : disponible sur YouTube
- *An African City* : disponible sur YouTube et sur anafricancity.tv

DÉJÀ DES COMÉDIES CULTE

Dans cette profusion de comédies, certaines sont devenues «culte» parce que, à l'instar de certaines séries ou de certains films, elles ont marqué une génération par leur innovation ou leur inspiration, et continuent de faire parler d'elles des années plus tard.

S'il ne devait y avoir qu'une seule websérie «culte», ce serait évidemment ***Dr. Horrible's Sing-Along*** Blog . Réalisée en 2008 par Joss Whedon, cette «mini websérie» (trois épisodes d'un quart d'heure) est une comédie musicale fantastique et totalement déjantée avec Neil Patrick Harris dans le rôle principal, accompagné de Nathan Fillon, Felicia Day (encore elle !) et Simon Helberg. C'est fou et ça reste unique à ce jour. Mais il y a encore d'autres webséries, certes

Une autre websérie qui ne manquera pas de vous faire rire et qui est déjà culte pour beaucoup d'internautes, c'est ***Chad Vader Day Shift Manager***. Ici ce sont les aventures quotidiennes de Chad Vader, qui bosse comme superviseur dans un supermarché «Empire». Au départ ce devait être une série pour la télévision mais après son annulation prématurée ses créateurs (Matt Sloan et Aaron Yonda) ont décidé de la poursuivre sur le web où elle a obtenu un franc succès tout à fait mérité. Avec vraiment pas grand-chose, mais beaucoup de savoir-faire, ils ont réalisé une de ces comédies qu'on peut revoir sans cesse avec toujours plus de plaisir.

- ***Chad Vader Day*** **: disponible sur YouTube**

moins connues du grand public, qui ont acquis ce statut «culte» en se répandant dans les «milieux connectés». ***You Suck at Photoshop*** est une autre websérie absolument unique et géniale. Elle date de 2007 et on continue encore aujourd'hui à la découvrir et à la partager. Les épisodes se présentent sous la forme de tutoriels expliquant les diverses fonctionnalités du logiciel de traitement d'images. Ils sont commentés en voix-off par un certain Donnie Hoyle à priori fort antipathique, mais aussi tout à fait pathétique, qui nous dévoile sa vie de «total looser» en même temps qu'il nous enseigne les subtilités du programme (non sans nous arroser de sarcasmes à propos de nos compétences). Ce n'est pas une

- ***Dr. Horrible's Sing-Along Blog*** **: disponible sur drhorrible.com**
- ***You Suck at Photoshop*** **: disponible sur YouTube**

série de sketches, mais une véritable histoire qui, sans jamais filmer autre chose qu'un écran d'ordinateur, passe par toutes sortes de péripéties et va finir très loin. C'est à pleurer de rire par moments, un chef-d'œuvre.

On peut encore faire monter sur le podium ***Ewoks Don't Blink***, l'histoire en trois parties de deux «nerds» employés dans un supermarché (encore) cambriolé par un braqueur particulièrement peu respectueux de *Star Wars*, et qui va apprendre à ses dépens que même avec une arme à la main on ne peut pas se moquer de tout. Et enfin ***The Clandestine***, superbe websérie irlandaise à propos d'une bande improvisée de motards qui n'ont rien de Hells Angels. En France, deux séries méritent cette étiquette «culte», ce sont *Le Visiteur du Futur* et *Noob*, déjà évoqués dans cet ouvrage et qui ont, chacune à leur manière, laissé une trace impérissable sur la toile.

- **Ewoks Don't Blink : disponible sur YouTube**
- ***The Clandestine* : disponible sur YouTube**

Zac and Me

DES COMÉDIES À L'ÉCOLE

On trouve sur le web assez de comédies qui se déroulent à l'école, au collège ou à l'université pour leur offrir ici un chapitre. Mais si l'école offre elle aussi une unité de lieu qui peut sembler pratique pour une websérie, elle représente aussi un décor généralement difficile à investir pour un tournage et qui surtout nécessite beaucoup plus de personnages, ne serait-ce que pour remplir une salle de classe. Pour les mêmes raisons, les webséries se déroulant dans un hôpital sont extrêmement rares car pour être au moins crédibles elles nécessitent la réquisition ou la création d'un décor compliqué et des tas de figurants en costumes. Quelques webséries ont toutefois réussi à «reconstituer» le milieu scolaire pour y situer leur action.

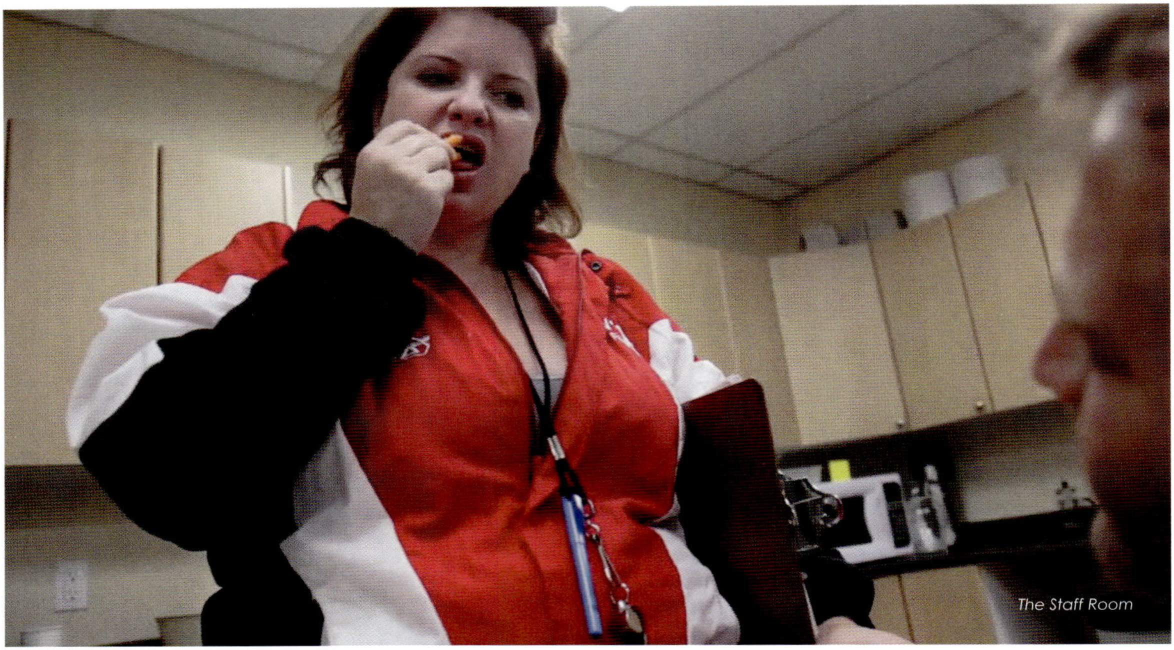
The Staff Room

On peut les diviser en deux tas : celles qui parlent des professeurs et celles qui parlent des élèves, des étudiants.

Du côté des professeurs, on n'est pas loin de la thématique des parents : ils sont fous ou bien ils nous rendent fous. La websérie ***Miss Guidance*** semble être la sœur jumelle sur internet de la série télévisée *Miss Guided* (2008) car c'est aussi le quotidien d'une conseillère d'éducation dans un collège. Ce n'est peut-être pas aussi maîtrisé que l'original, mais c'est souvent aussi drôle. Dans ***Slightly Dramatic***, une équipe de télévision locale suit Emily, professeur d'art dramatique, qui a une conception très personnelle et très émotive des arts de la scène. Elle va pouvoir «se la donner» alors qu'elle est mutée dans un autre collège. Et si vous avez toujours rêvé de savoir ce qui se passe dans la «salle des profs», voyez ***The Staff Room*** où, dans

- *Miss Guidance* : disponible sur YouTube
- *Slightly Dramatic* : disponible sur YouTube et sur slightlydramatic.com
- *The Staff Room* : disponible sur YouTube

Du côté des étudiants, les situations explorées sont plus diverses, mais deux webséries sur ce thème sortent nettement du lot et brillent par leur scénario original et leur réalisation impeccable. ***Project Library*** (de TimH et Mike Cannon) est une histoire en quatre épisodes dans laquelle une bibliothèque réclame un million de dollars d'intérêts de retard à un pauvre gars pour un livre qu'il n'a jamais rendu. Et les employés de la bibliothèque sont à peu près aussi coulants qu'un commando des forces spéciales, surtout qu'il en va de la survie de leurs jobs. Le récit fait des embardées dans le fantastique et on n'est jamais au bout de ses surprises. ***Max & Billy's Drill Machine Girl*** est une websérie hollandaise qui est une véritable perle créée par Ivan Lopes Nunez et plusieurs fois récompensée. C'est une comédie pleine de rebondissements, l'histoire de deux jeunes cinéphiles se lançant du jour au lendemain dans la production d'un film d'horreur. Cette aventure épique et chaotique est encore compliquée lorsque les deux amis tombent amoureux de leur actrice principale.

• *Project Library :* disponible sur YouTube

• *Max & Billy's Drill Machine Girl :* disponible sur le site de Studio4

«l'espace détente» des enseignants, ragots et rumeurs vont bon train.

Et il y a aussi une excellente web-série belge, ***Typique***, qui met en scène une bande d'étudiants «typiques» dans une espèce de reboot jeune et contemporain de *Friends*. Cette web-série produite par la cellule webcréation de la RTBF a déjà trois saisons et elle a eu l'audace de jouer plusieurs épisodes en direct.

D'autres titres, à peine moins originaux ou réussis, sont tout aussi remarquables. ***My Alibi***, une websérie

Typique

produite par Disney, enferme cinq étudiants dans une salle de classe pour leur faire avouer qui est l'auteur de la vilaine farce qui a semé la panique dans l'école. ***Mock Justice*** est une production indépendante, en fait une réalisation d'étudiants qui ont utilisé leur école et leurs camarades. Cela commence avec un faux procès et ça part en une histoire de rédemption à propos des excès et des limites de la justice. C'est surprenant et amusant. Dans la websérie canadienne ***My Lupine Life***, un collégien s'interroge sur ses origines et sa nature, affirmant que son père était un loup-garou. Est-ce seulement un délire ou bien y a-t-il vraiment un monstre qui sommeille en lui ? Dans ***Zac and Me***, une production australienne, c'est une jeune fille qui est accompagnée d'un ange gardien qu'elle seule peut voir, un gros type mal rasé et mal embouché qui lui prodigue des conseils et utilise sa magie pour l'aider (parfois sans discernement). ***Escuela de Canotaje*** est une websérie uruguayenne qui se déroule dans un club de canoë féminin dont l'ambition n'est rien de moins qu'une participation aux prochains Jeux olympiques.

- ***Typique :*** **disponible sur YouTube et sur rtbf.be/webcreation**
- ***My Alibi :*** **disponible sur YouTube**
- ***Mock Justice :*** **disponible sur YouTube et sur mockjustice.com**
- ***My Lupine Life :*** **disponible sur YouTube et sur yourlupinelife.com**
- ***Zac and Me :*** **disponible sur YouTube**
- ***Escuela de Canotaje :*** **disponible sur YouTube**

Escuela de Canotaje

My Lupine Life

High Maintenance est une websérie (créée par Katja Blichfeld et Ben Sinclair) qui suit un dealer de marijuana à New-York. Nous ne connaîtrons jamais son nom, mais à chaque épisode nous faisons connaissance avec un ou plusieurs de ses clients. Après avoir connu un énorme succès sur la plateforme Vimeo qui n'a pas hésité à investir dans sa production, cette websérie a été repérée par la chaine HBO qui en a commandé des épisodes au «format télé».

• *High Maintenance* : disponible sur Vimeo

DES COMÉDIES SOUS INFLUENCE

La transition est sans doute malvenue, mais après l'école il y a la drogue. En tous cas dans le classement des thèmes les plus utilisés par les comédies du web. Certes très loin derrière le travail, la famille ou les relations amoureuses, mais assez présent et avec assez de succès pour mériter un chapitre. De *Weeds* à *Breaking Bad*, drogue et trafic de drogue ont donné de beaux succès à la télévision ces dernières années. Mais également parmi les webséries, et notamment dans le genre comédie. Une autre websérie très drôle et très bien faite sur ce sujet, c'est ***The Village Green***, une production canadienne. Ici c'est toute une communauté qui se met à la culture et au trafic de cannabis pour sauver son village ruiné par la crise. Et dans ***Beverly Pills***, c'est une riche bourgeoise de Beverly Hills qui maintient son train de vie en vendant des pilules sans ordonnance. En France, nous avons au moins ***En Passant pécho***, certainement la plus connue des webséries sur ce sujet. On y suit deux jeunes dealers, leurs potes et leurs clients dans des épisodes qui se veulent «sans tabous».

• *The Village Green* : disponible sur Canalplay en 2016
• *Beverly Pills* : disponible sur YouTube
• *En passant pécho* : disponible sur YouTube et sur enpassantpecho.fr

Super des cartoons

Je suis super

C'est un genre auquel on ne pense jamais d'abord lorsqu'on parle de webséries : le dessin animé. Pourtant, les cartoons sont nombreux sur la toile et depuis longtemps. En effet, les cartoons sont un des genres les plus anciens dans les webséries, et sont même très importants dans leur histoire. Dans la deuxième moitié des années 1990, alors qu'internet se répand, il est très difficile et hasardeux de publier du contenu vidéo sur le web. La vitesse des connexions et les technologies disponibles ne permettent pas de voir un

Zozo, le Fugitif de l'espace** est un cartoon déjanté entièrement réalisé par un seul animateur (Alexandre Follain), primé partout dans le monde, et qui est diffusé en exclusivité dans plusieurs pays. Son héros est un extraterrestre rigolo qui parcourt l'univers afin de récupérer des objets qui ont été volés, affrontant zombies et méchants.

• *Zozo le Fugitif* : disponible sur zozo-ze-site.com

L'un des pionniers des cartoons sur le web n'est autre que John Kricfalusi, animateur génial auquel nous devons notamment la série *Ren & Stimpy*. En 1997 il a créé un cartoon animé en Flash et diffusé sur le net : le ***Goddamn George Liquor Program*** qui est depuis devenu un titre culte.

• *Goddamn George Liquor Programm* : disponible sur YouTube

film «en direct». La plupart du temps il faut d'abord le télécharger et même s'il ne dure que quelques minutes, cela peut prendre des heures. Le résultat est aussi souvent décevant parce que les images et le son, à cause de ces contraintes techniques, sont de basse qualité. Mais à cette époque on peut tout de même produire des cartoons plus légers et spécialement conçus pour les connexions lentes. Des fichiers peu lourds qu'on peut charger dans un temps raisonnable ou presque visionner «en direct». Comme dans le même temps les animateurs sont encouragés par l'apparition des premiers programmes d'animation par ordinateur performants (dont le célèbre Flash), ils sont nombreux à produire et montrer sur leurs pages personnelles des petits films indépendants.

En 1999, Icebox est l'une des premières plateformes proposant des webséries, et ce sont toutes des cartoons. Le site propose alors de visionner gratuitement les premiers épisodes, puis de financer les suivants (déjà !). On peut donc dire que les toutes premières webséries sont avant tout des dessins animés. Depuis, des dizaines de cartoons ont été produits pour le web et nombre d'entre eux valent plus qu'un détour. Ils se caractérisent par une large variété de styles et de techniques, la plupart jamais vues dans des séries animées de la télévision. Notez toutefois que presque tous les dessins animés présentés ci-après sont réservés à un public «adulte».

En France, l'animation est une tradition et aussi un savoir-faire reconnu partout. Il n'est donc pas étonnant de trouver chez nous des tas de dessins animés parmi les meilleurs disponibles.

Bigshot est, comme *Zozo*, un autre grand succès français à l'international. Chaque épisode reprend un genre cinématographique et le «rejoue» dans un décor unique avec de minuscules personnages en une espèce de parade burlesque. Le studio Kawanimation est aussi très prometteur et a déjà produit plusieurs titres, en coproduction avec des chaînes de télévision. Sans jeu de mots, il faut absolument voir ***Il le faut !***, un cartoon tout «gribouillé» et spirituel,

- *Bigshot :* disponible sur YouTube, Vimeo et sur le site de Studio4
- *Il le faut ! :* disponible sur YouTube et sur le site de Studio4

Preti est un cartoon italien délicieusement insolent qui met un jeune prêtre stagiaire aux prises avec son mentor. Il doute de tout et les réponses qu'il obtient ne font rien pour le soigner. Cette web-série unique a rapporté à son auteur, Astutillo Smeriglia, de très nombreuses récompenses internationales. On peut voir d'autres de ses créations adorablement stupides sur sa chaîne YouTube.

• ***Preti*** **: disponible sur YouTube**

entre *Les Deschiens* et *South Park*. C'est cru et ça claque. Le même studio a aussi réalisé ***Kesstuff*** dans un style totalement différent, où l'animation illustre les réponses que donnent des jeunes quand on leur demande ce qu'ils font dans telle ou telle situation. Pour changer encore radicalement de style il y a ***Je suis Super***, un dessin animé vibrant et percutant sur les réflexions d'un super-héros implacable, et ***Erwan et Maël***, l'aventure absurde et tout en pixels de deux jeunes Bretons à la recherche de leur hamster et qui en route en profitent pour brocarder quelques vedettes. La plupart de ces titres ont été produits en province, loin des studios parisiens.

Au delà de nos frontières (qui n'existent pas sur internet de toute manière) il y a aussi tout un tas de cartoons drôles, piquants ou absurdes, tous terriblement rafraîchissants. Par exemple, la websérie québécoise ***Têtes à claques*** est le premier grand succès animé francophone du web, diffusé pour la première fois en 2005. Ce sont des sketches où les personnages façon papier découpé «parlent et regardent» avec une bouche et des yeux en surimpression.

The Misfortune of Being Ned a presque le même graphisme, mais cette fois c'est toujours cruel. Ned est un petit garçon à qui il n'arrive que des malheurs qui tournent à l'horreur. Si vous êtes vraiment très pressé, vous pouvez voir un film entier en trente secondes grâce à ***30-Second Bunnies Theatre***. Dans chaque épisode des lapins vous rejouent en une demi-minute tous les classiques du cinéma, d'*Alien* à *Terminator* en passant par *Casablanca*. Camille en revanche, prend un peu plus de temps pour raconter les films qu'elle a vus, mais elle nous les dessine aussi dans ***Camille raconte***, une adorable série animée québécoise.

- *Kesstuff* : disponible sur creative.arte.tv
- *Je suis Super* : disponible sur Dailymotion et sur le site de Studio4
- *Erwan et Maël* : disponible sur YouTube
- *Têtes à claques* : disponible sur tetesaclaques.tv
- *The Misfortune of Being Ned* : disponible sur YouTube

- ***Pencilmation*** : disponible sur YouTube

Pencilmation est un petit bijou qui s'amuse à animer des «bonhommes bâton» sur une page de cahier dans toutes sortes de situations déclenchées par un crayon facétieux. Les auteurs, Ross Bollinger et Kirun Kunju diffusent très régulièrement de nouveaux épisodes ainsi que des tutoriels très intéressants.

Seth McFarlane, le créateur (entre autres) de *Family Guy* et *American Dad* a aussi réalisé une série de cartoons pour le web. ***Cavalcade of Cartoon Comedy*** a été successivement le support publicitaire de trois grandes marques. Mais malgré cet aspect «commercial» on y retrouve tout l'esprit iconoclaste du créateur.

- ***Cavalcade of Cartoon Comedy*** **: disponible sur YouTube**

Il y a aussi des cartoons qui sont «presque animés», qui font dans l'économie de dessins ou de moyens, mais qui sont tout aussi amusants. Dans ***The Most Popular Girl in School***, ce sont des poupées qui jouent une espèce de «high school drama» vulgaire et insolent, et dans ***All my Pants*** ce sont des pantalons mus par des fils de nylon qui jouent une parodie de soap opéra. La websérie française ***Objectivement*** donne vie à tous les objets de la maison dans une véritable sitcom qui prête une âme et de la répartie à tous ces «inanimés» qui nous entourent. Quant à ***Croissant Man***, ce sont les digressions d'un croissant coiffé d'un béret qui n'en finit pas de déprimer. Et s'il faut encore prouver qu'on peut faire des dessins animés avec rien d'autre que son imagination, ***Matt N'Dusty*** enfonce le clou. C'est plus que minimaliste au dessin et à l'animation, mais ça fonctionne quand même parce que c'est rythmé comme il faut et crétin comme on aime.

Mais il y a aussi des dessins animés de confection et de facture plus «classiques» même si leurs scénarios et traitements restent résolument différents. ***Judge Dredd Superfiend***, produit par Adi Shankar, est un «bootleg» (une version produite sans autorisation du studio qui exploite les droits) déjanté et violent qui raconte les origines du justicier de Mega-City One. ***Galaman*** est un super-héros avec une super aisselle (oui, vous avez bien lu) qui sort d'un studio de Hong Kong. C'est aussi adorable que ridicule. Et ***Comaland***, réalisation espagnole de l'équipe de *Malviviendo* (voir plus loin), est une comédie noire à propos de deux jeunes qui tentent de se suicider et se retrouvent perdus dans le monde de Comaland. ***Überdude*** suit un super-héros débutant et nous laisse libre de choisir la suite du récit à la fin de chaque épisode, ce qui permet de les revoir plusieurs fois dans des sens différents.

- ***The Most Popular Girl in School*** **: disponible sur YouTube**
- ***All my Pants*** **: disponible sur YouTube**
- ***Objectivement*** **: disponible sur creative.arte.tv**
- ***Croissant Man*** **: disponible sur Vimeo et sur croissantman.com**
- ***Matt N'Dusty*** **: disponible sur YouTube**
- ***Judge Dredd Superfiend*** **: disponible sur YouTube**
- ***Galaman*** **: disponible sur YouTube**
- ***Comaland*** **: disponible sur YouTube et sur comaland.es**
- ***Überdude*** **: disponible sur YouTube**

Tout amateur de cartoon se doit de faire une visite à la chaîne de Mike Geiger , où on trouve des séries aux designs et aux animations délicieuses comme ***Super Duper Super Hero*** ou ***County Ghost***, et à celle de David de Rooij où l'on peut voir la série ***Tales of Stuff***. Ce sont des cartoons au look des années 1960, très drôles et splendidement animés.

- ***Tales of Stuff*** **: disponible sur YouTube**

DES MARIONNETTES

C'est ce qui est merveilleux avec le web : tous les styles, tous les tons et tous les genres s'y côtoient et l'on peut y voir tout ce qu'il est possible de faire ou presque. Ouvrir un navigateur, c'est entrer dans un cinéma qui affiche rien que pour vous des centaines de films tous différents les uns des autres. Il y a tout ce que vous voulez et même des marionnettes, des «puppet shows» qui ont suivi sur le web les traces de Jim Henson et de ses célèbres *Muppets*. Soit elles sont manipulées par des marionnettistes, soit elles sont animées image par image (stop motion) par des animateurs. Mais elles sont surtout irrévérencieuses, mordantes et tordantes.

Transylvania Television est une production indépendante qui n'a rien à envier aux meilleurs épisodes des Muppets. Des monstres rigolos gèrent une chaîne de télévision en Transylvanie sous la direction d'un manager vampire. C'est très bien fait et avec une touche d'humour « adulte ». C'est d'ailleurs une constante dans les puppet shows du web : les marionnettes collent au modèle « enfantin » du type *Sesame Street*, mais s'offrent des dialogues et des situations qui s'adressent franchement à un public volontaire et averti. C'est encore le cas de ***TubeHeads***, une production allemande truculente qui caricature les super-héros des comics et du cinéma, ou de ***Mouvement Deluxe***, une websérie canadienne qui enchaîne sur un montage décousu de sketches qui partent dans tous les sens. Dans un genre bien différent, ***Doctor Puppet*** est un savoureux hommage à la série *Doctor Who*, pleine de poésie et d'humour.

Mouvement Deluxe

- ***Transylvania Television* : disponible sur transylvania-tv.com**
- ***TubeHeads* : disponible sur tubeheads.de**
- ***Mouvement Deluxe* : disponible sur YouTube**
- ***Doctor Puppet* : disponible sur YouTube**

Dans ***Neil's Puppet Dreams*** on retrouve l'acteur Neil Patrick Harris, décidément très présent sur le web, dans des épisodes délirants où il révèle que ses rêves sont peuplés de poupées. Celles-ci ont été créées par le studio de Jim Henson.

- *Neil's Puppet Dreams* : disponible sur YouTube

High Road

DES DRAMÉDIES

Pour compléter ce long chapitre sur les comédies du web, il faut encore évoquer une tendance récente, la multiplication des «dramédies». Ce sont des comédies où l'on ne rit pas tout le temps, où même parfois on ne fait que sourire de temps en temps. L'humour est toujours là, mais les sujets sont graves, les personnages sont réalistes. La dramédie, c'est l'art d'accommoder les émotions, de les tisser ensemble pour raconter légèrement des histoires «sérieuses» ou évoquer des sujets plus ou moins tabous sans tomber dans la démonstration édifiante.

Certaines dramédies s'attachent à des personnages ou des groupes de personnages. La websérie néo-zélandaise ***High Road*** est un fleuron du genre, centrée sur le personnage de Terry, ex-rockstar passablement marginalisé qui anime une radio minable dans une caravane. Ses errances et ses outrances sont rythmées par une bande-son somptueuse et si l'on rit souvent, le drame n'est jamais loin. La sitcom new-yorkaise ***He's with Me*** brode sur la rencontre de deux hommes, l'un gay et l'autre pas, qui deviennent les meilleurs amis du monde. Mais cette comédie montre aussi la difficulté de s'exprimer vraiment au sein d'un groupe d'amis, dans la routine des apparences. En Espagne, la série sévillane ***Malviviendo*** a eu un énorme succès qui lui a valu les honneurs de la presse. Ce sont les tribulations d'une bande de copains, des jeunes frappés par la crise qui survivent comme ils peuvent dans la rue. C'est de la

- *High Road* : disponible sur YouTube et sur highroadwebseries.com
- *He's with Me* : disponible sur YouTube et sur heswithme.tv
- *Malviviendo* : disponible sur YouTube et sur malviviendo.com

comédie, mais de la comédie qui fait mal aussi et qui a trouvé sur le net l'écho de toute une génération d'Espagnols. En Nouvelle-Zélande, ***The Factory*** raconte l'histoire touchante d'une famille samoane lancée dans une compétition pour devenir le meilleur groupe de chant de toute cette banlieue ouvrière d'Auckland. ***La Niña Elefante***, websérie argentine, s'annonce comme une comédie, mais c'est en fait un Thriller en huis clos qui enferme des acteurs dans une vieille bâtisse sous prétexte de leur faire répéter une pièce de théâtre. Mais l'exercice tourne vite à l'expérience extrême et les sourires que déclenchent les premières séquences laissent la place à des moments de tension qui vont crescendo.

- ***The Factory* : disponible sur thefactorystory.co.nz**
- ***La Niña Elefante* : disponible sur YouTube**

La websérie américaine ***Dog Bytes*** fait carrément dans la comédie noire, très noire même. Elle suit deux femmes esclaves d'un odieux sadique, qui finissent par l'assassiner, mais découvrent bientôt qu'il n'est pas vraiment mort. C'est une websérie qui va très loin dans le sombre et pourtant parvient à rester toujours dans le cadre de la comédie. C'était au départ un court-métrage réalisé en 2012 par Melissa Martin, auquel elle a décidé d'ajouter des épisodes pour lui donner une suite.

- *Dog Bytes* : disponible sur YouTube

Deux exemples suffisent à expliquer tout le potentiel de ce genre sur un format court, deux webséries qui ont charmé et ému tous ceux et celles qui les ont vues… La première, c'est une websérie québécoise, ***Michaelle en Sacrament***, l'histoire d'une jeune fille fêtarde et insouciante qui se retrouve coincée avec sa grand-mère atteinte de la maladie d'Alzheimer. Ce sont des petites touches tendres, drôles et surtout énormément émouvantes qui évoquent sincèrement le désarroi face à cette maladie. Ce programme a révélé le talent du jeune réalisateur Hervé Baillargeon. La seconde, c'est une websérie australienne réalisée par Luke Eve qui a déjà reçu des dizaines de récompenses : ***Low Life***. On y suit un jeune homme qui a tout pour être heureux et qui pourtant est rongé par un mal qui petit à petit détruit sa vie : la dépression. Avec peu de dialogues et ce qu'il faut d'humour, les épisodes révèlent les facettes sombres de cette maladie et la difficulté de la partager avec un entourage qui ne la comprend pas.

• *Low Life* : diffusée sur CanalPlay en 2015

• *Michaelle en Sacrament* : disponible sur YouTube et sur le site de Studio4

Ped Crossing

DES COMÉDIES HORS NORMES

Il y a aussi des «inclassables», des comédies hors normes qui resteront sans doute longtemps uniques. Ces comédies-là, il faut avoir un bon sens de l'humour et suffisamment de tolérance pour les apprécier. Elles sont au-delà du second degré, trop audacieuses pour être seulement des satires, à ne pas mettre devant tous les yeux sinon gare aux grincements de dents.

Par exemple, la websérie anglaise ***Living with the Infidels*** a tout pour choquer et elle continue à faire polémique plusieurs années après sa première diffusion en 2009. À l'époque elle s'était même invitée à la une des tabloïds du royaume parce que son sujet est plus que sensible, il est à vif. Elle raconte l'histoire d'un groupe de jeunes musulmans qui décident de perpétrer des attentats terroristes, mais qui n'y connaissent rien et vont de mésaventures en échecs. C'est franchement une comédie, mais dans le contexte sécuritaire de ces dernières années elle s'est attiré autant de détracteurs que d'éloges. ***Ped Crossing*** est une autre comédie «au rire jaune». Ici le héros est un pédophile juste sorti de prison et qui tente de reprendre une vie normale dans la société. Mais ses antécédents lui collent à la peau et en tentant de chasser son naturel il le fait revenir au galop. C'est bourré de sous-entendus et à mesure que les épisodes avancent, ceux-ci se font de plus en plus clairs. C'est à la fois drôle et dérangeant. Et dans le style outrancier, il y a ***Capitol Hill***. Cette websérie Queer créée par Wes Hurley fut originellement diffusée sur le site du Huffington Post. On y retrouve Waxie Moon interprétant Roses Smell (je n'invente rien) qui quitte sa campagne pour aller à Seattle où elle va connaître autant de succès que d'intrigues. Les décors, les costumes et les situations sont absolument «folles».

En ce qui concerne la websérie ***Nixon's The One***, on ne saurait pas où la ranger. Dans cette série, l'acteur Harry Shearer (des Simpsons) rejoue les dialogues enregistrés dans le bureau du président Nixon. C'est entre la comédie satirique et le docu fiction, à la fois ridicule et effrayant.

- ***Nixon's the One*** **: disponible sur YouTube**

- ***Living with the Infidels*** **: disponible sur funnyordie.com**
- ***Ped Crossing*** **: disponible sur YouTube et sur Vimeo**
- ***Capitol Hill*** **: disponible sur YouTube**

DRAMES, AVENTURES, ACTION, SUSPENSE...

BIEN SÛR, il n'y a pas que des comédies sur le web. Et comme nous l'avons vu précédemment, leur proportion a tendance à baisser ces dernières années. Pour être franc, même si ce sont les programmes qui ont jusqu'ici obtenu les plus grands succès, les seules comédies du web ne justifieraient pas qu'on qualifie les webséries de «nouvelle vague». Aujourd'hui, c'est plutôt dans le genre dramatique qu'elles s'épanouissent et qu'elles se frayent un chemin vers la reconnaissance. En cela, elles suivent la tendance des séries de la télévision dont les synopsis sont plus dramatiques et plus fantastiques qu'auparavant, avec des personnages plus réalistes. Mais elles le font par d'autres chemins et dans d'autres paysages.

La Chienne

DES FRISSONS ET DU SANG

C'est le chapitre dont les âmes sensibles doivent s'abstenir. Ces webséries sont faites pour faire peur et elles n'ont peur de rien, surtout pas du sang. Suspense, frayeurs et maquillage sont des ingrédients obligatoires.

La Chienne est une websérie qui a créé l'événement dans cette catégorie. Elle est québécoise et elle est inspirée de l'expérience des jeux vidéo où nous «recommençons» après chaque mort. L'héroïne de cette série est une jeune femme qui va mourir, séquestrée dans une cave. Elle a une chance de s'en sortir, mais elle doit la jouer parfaitement. Alors elle recommence, à chaque

L'une des webséries les plus acclamées dans le genre «horreur» est française. ***Gabriel*** est un récit aussi fantastique que poétique du destin d'un jeune homme qui voit les morts et leur parle. Cette série est magnifiquement réalisée et filmée (Arnaud d'Ancona et Gwendal Biscueil). Elle est sombre par moments, mais aussi pleine d'espoir et passionnante à suivre. Elle a remporté en 2015 la Web Series World Cup (ex-æquo avec la websérie néo-zélandaise *High Road*).

• *Gabriel* : diffusée sur CanalPlay en 2015

épisode. C'est une série violente, une véritable expérience. Dans ***Sad Motivator*** c'est la même noirceur, mais cette fois tout est dans la suggestion. Le héros, Kevin, sort d'une vilaine rupture et il est plutôt déboussolé. Hélas pour lui, il a un ami pour le conseiller dans sa solitude : un blob de dessin animé qu'il est le seul à voir et entendre, et qui le pousse à la revanche. C'est brillamment interprété et vraiment flippant par moments. Sur le même mode de «l'angoisse suggérée» il y a aussi ***L.A. Macabre***. Dans cette websérie américaine, de jeunes reporters décident de suivre et d'interroger une jeune fille qui a grandi dans une secte

- *La Chienne* : disponible sur fonds.tv5.ca
- *Sad Motivator* : disponible sur sadmotivator.com
- *L.A. Macabre* : disponible sur YouTube

sanguinaire. Mais l'équipe se retrouve progressivement prise dans un jeu de piste macabre qui dépasse largement le cadre de leur documentaire. Et dans un registre plus «classique», ***Blood and Bone China*** vous en donnera pour votre clic. Cette websérie anglaise est une histoire de vampires librement inspirée d'un fait divers. Les douze chapitres sont particulièrement soignés, nous transportant

Blood and Bone China

à l'époque victorienne. Il s'agit en fait d'un script de long-métrage qui a été découpé en épisodes diffusés sur le web.

Il y a aussi des webséries «d'horreur» dans des styles plus classiques. La websérie italienne ***Web Horror Story*** suit le jeune Stefano, un «blogueur» qui enquête sur les phénomènes paranormaux et qui trouve ce qu'il cherche dans un manoir abandonné. ***Horror Hotel*** revendique ouvertement ses inspirations télévisées, *The Twilight Zone* et Alfred Hitchcok. C'est une websérie anthologique, chaque épisode présente une histoire indépendante qui se déroule dans l'une des chambres d'un motel.

La websérie ***Divine***, elle, est un peu dans les traces de *L'exorciste*, avec comme héros un jeune prêtre face à un être immortel. C'est aussi une websérie

Fear Clinic est une websérie de 2009 interprétée par des icônes du genre comme Robert Englund, Kane Hodder, Danielle Harris ou Lisa Wilcox, et réalisée par Robert Green Hall, un spécialiste de l'horreur. L'histoire est celle d'un psychiatre radié de l'ordre des médecins qui s'acharne à tester son invention : un caisson qui plonge ses patients au cœur de leurs pires phobies. En 2014 cette websérie est devenue un film.

• ***Fear Clinic*** **: disponible sur YouTube**

tout en ambiances. Quant à l'italienne ***Let Me Out***, c'est l'adaptation plutôt prenante d'un «creepy pasta» (récits horrifiques partagés sur internet). Enfin, plus «amusant», ***20 Seconds to Live*** présente de courtes scènes à la fin desquelles quelqu'un va mourir, et violement. Cela prend vingt secondes exactement et ce n'est jamais la mort ou la victime à laquelle on s'attend. La très belle websérie ***Arthur*** (de Chloe de Souza et Nick Rusconi), produite par la RSI (Radiotelevisione Svizzera) pourrait aussi s'intituler «Dexter en Suisse». Mais ce serial-killer «bien sous tous rapports» n'a plus envie de trucider et veut arrêter. Oui, mais comment ?

Dans ***STILL***, c'est le synopsis classique de l'épidémie qui zombifie tout le monde, mais avec un twist : les infectés sont immobiles, figés la plupart du temps. Cela donne des scènes vraiment très angoissantes parce que, bien sûr, ces statufiés s'animent quand on ne s'y attend pas ou quand on ne les regarde pas. L'auteur, Jonathan Holbrook, est un passionné du genre, qui réalise aussi des longs métrages distribués en ligne.

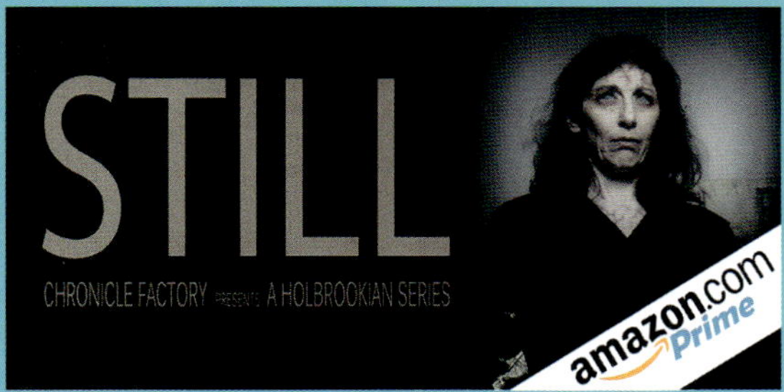

- *Still* : disponible sur Dailymotion

- ***Blood and Bone China*** **: disponible sur YouTube et sur bloodandbonechina.com**
- ***Web Horror Story : distribution exclusive – non disponible***
- ***Horror Hotel*** **: disponible sur horrorhotelwebseries.com**
- ***Divine*** **: disponible sur YouTube**
- ***Let Me Out*** **: disponible sur YouTube**
- ***20 Seconds to Live*** **: disponible sur YouTube**
- ***Arthur*** **: disponible sur YouTube**

D'AUTRES MONDES D'AUTRES RÉALITÉS

Les récits dramatiques et fantastiques ne sont pas tous aussi violents ou sanglants. Certains font plutôt dans l'aventure épique et placent leurs histoires dans d'autres mondes issus d'une autre Histoire, avec une autre mythologie. Les programmes qui sont présentés dans ce chapitre sont des webséries qui ne se refusent rien. Même si elles sont indépendantes, dépourvues de budget substantiel, tournées par des «amateurs» avec seulement une partie du matériel nécessaire aux professionnels, elles ne concèdent rien. Elles sont bâties sur des scénarios ambitieux et parfois complexes, et n'ont pas peur de fouler les traces des films ou des

W*astelander Panda* est une websérie assez incroyable. Dans une Australie post-apocalyptique, un panda expert en arts martiaux erre et se confronte à des bandes d'humains sauvages tandis que se révèle le secret de son passé et du monde. C'est magnifique, prenant et totalement dépaysant pour le coup.

• *Wastelander Panda* : disponible sur YouTube et sur wastelanderpanda.com

séries les plus spectaculaires. Certaines y arrivent assez bien et d'autres sont carrément bluffantes.

Nightwing : Prodigal nous emmène à Gotham City où Batman a disparu. Un autre doit prendre sa place pour faire face au crime et c'est Nightwing qui s'y colle. Cette websérie ressemble en tous points à une série de la télévision et on se demande parfois si ce n'est pas un exercice de style. Le résultat est toutefois

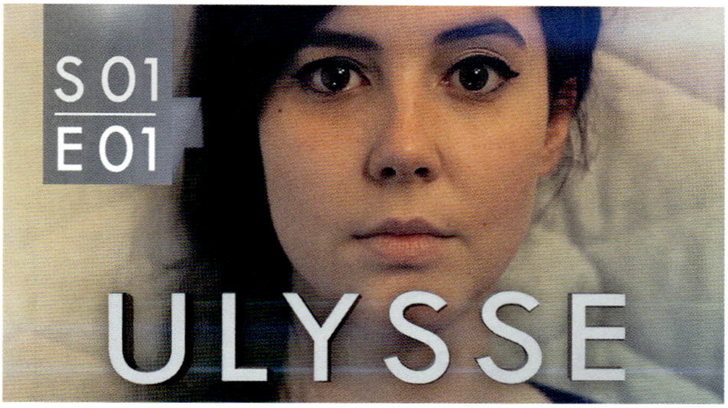

plus que réussi. On est dans le même genre avec ***Heroes of the North***, websérie canadienne, mais cette fois c'est une véritable création qui se décline en comics, figurines et DVD, et développe tout un univers de super-héros.

En France aussi nous avons des webséries qui ont réussi au fil des ans à développer un univers particulier sur plusieurs saisons. ***Ulysse*** est un bel exemple d'histoire qui se développe et ne s'arrête plus d'avancer. Au fil des épisodes, l'intrigue se complique et, mêlant le drame fantastique avec des éléments de comédie, elle nous entraîne dans deux histoires, celle d'une jeune fille qui a

• *Nightwing : Prodigal* : disponible sur YouTube
• *Heroes of the North* : disponible sur YouTube et sur heroesofthenorth.com

Daemonium est une production argentine qui est elle aussi franchement surprenante et même époustouflante. Il s'agit en fait d'un long-métrage fantastique bourré de costumes, maquillages, monstres et effets spéciaux, découpé en chapitres qui sont produits au rythme d'un par an par un collectif d'auteurs et réalisateurs.

• *Daemonium* : disponible sur YouTube

Les créateurs de la websérie ***Dark Darkness*** ont choisi de prendre leur temps pour produire bien avec peu de moyens. Leur projet est en ligne depuis 2012 et ils le peaufinent patiemment. Et amoureusement. Ils viennent à peine d'achever leur «saison zéro» composée de quatre épisodes d'introduction à la websérie qu'ils cherchent à financer. C'est une histoire fantastique où quatre personnages, quatre «dark lords», se retrouvent conviés par une missive à une mystérieuse «convention de l'obscur».

reçu un mystérieux carnet et celle d'un jeune homme unique, dont parle ce carnet. Elle vit dans un monde dévasté par une terrible guerre et le récit qu'elle tente de reconstituer pourrait être la clé du passé et de l'avenir.

Spheres Trinity est un «tokusatsu» philippin (ce terme japonais désigne un

film bourré d'effets spéciaux) qui vaut son pesant de clics. Dans cette websérie qui est la continuation d'un film, trois «guerriers de la lumière» y combattent sans relâche sept super méchants tout en gérant au mieux leurs vies privées. Le monde de ***The Silent City***, lui, n'existe plus. L'action se déroule après une apocalypse nucléaire dans un New York en ruines où un soldat rescapé cherche à savoir ce qui s'est passé. Cette série a été entièrement tournée dans des bâtiments et des quartiers abandonnés de la ville et ça fonctionne très bien. Quant au monde où prend place l'histoire de la websérie allemande ***Redland***, c'est une planète uniforme dominée par le seul parti communiste qui a gagné la guerre froide et gouverne une humanité en proie à de sévères problèmes environnementaux.

Dans un autre univers, cette fois médiéval fantastique, la websérie ***Mordred*** est une autre référence française. Elle suit l'épopée d'un jeune paysan dont la vie bascule du jour au lendemain et qui devient le héros d'une quête mystique en même temps qu'un rebelle à l'autorité musclée et illuminée des «décroisés». Écrite et réalisée par Tommy Lee Baïk (l'un des piliers et artisans du collectif montpelliérain VHS), cette série a déjà deux saisons.

• *Mordred* : disponible sur YouTube et sur mordred.fr

• ***Spheres Trinity* : disponible sur YouTube**
• ***The Silent City* : disponible sur YouTube**
• ***Redland* : non disponible au moment de l'impression de cet ouvrage**

DE LA SCIENCE-FICTION

Certaines webséries se déroulent tout simplement ailleurs dans l'univers et plus loin dans le futur, à une époque où l'humanité est déjà «dans l'infini et au-delà».

Lorsqu'il s'agit de faire une comédie dans l'espace, on n'a pas à s'embarrasser de réalisme et on peut détourner des tas de choses au profit de la parodie. Mais lorsqu'on veut raconter une histoire sérieuse de science-fiction spatiale, il faut que ça se tienne un minimum. Les images de synthèse sont obligatoires autant que les costumes, décors et effets spéciaux. Cela ne demande pas nécessairement de gros moyens, mais un savoir-faire certain est exigé.

Dynamo est un titre aux effets spéciaux incroyables. C'est une série de courts-métrages liés à une même histoire, une «fantasmagorie de science-fiction» comme l'a désignée un chroniqueur. Tout aussi impressionnante visuellement, la websérie australienne ***Airlock*** est un thriller haletant qui, au fin fond de la galaxie, fait écho à des évènements bien contemporains en confrontant les autorités d'une petite base à un groupe de réfugiés d'une autre dimension.

Frontier Guard est une websérie avec un look des années 1980 qui est aussi une saga intergalactique. C'est l'histoire d'un humain congelé qu'on ranime des siècles plus tard et qui est envoyé à l'académie spatiale.

Dans la science-fiction, il y a aussi des récits qui tiennent plus de *La Quatrième Dimension* que de *Star Trek*. ***Afterworld*** est une websérie entièrement réalisée avec des images de

- *Dynamo* : disponible sur YouTube et sur karmapirates.com
- *Airlock* : distribution exclusive – non disponible
- *Frontier Guard* : disponible sur Vimeo
- *Afterworld* : disponible sur YouTube

La websérie allemande ***Mission Backup Earth*** est un parfait exemple de production collaborative. Elle est réalisée par une équipe de plusieurs dizaines de personnes éparpillées tout autour du globe et qui participent à créer les épisodes dont les plans sont tournés en studio à Berlin. Ils créent, à la fois ensemble et chacun de leur côté, les décors, vaisseaux, planètes et effets spéciaux qui sont ensuite assemblés pour former les épisodes. C'est une expérience unique (supervisée par Alexander Pfander) et le résultat est particulièrement impressionnant.

- *Mission Backup Earth* : disponible sur YouTube et sur missionbackupearth.com

synthèse pratiquement pas animées et raconte l'histoire d'un homme qui se retrouve subitement tout seul dans un monde sans technologie. Dans ***Aidan 5***, une autre websérie qui prend la texture d'un comics et se raconte en voix-off, un détective enquête pour trouver qui assassine ses clones. Les récits qui se projettent dans le futur sont presque toujours de sombres prophéties qui nous promettent des lendemains qui déchantent. Dans la websérie brésilienne intitulée ***3 Por Cento***, le monde de demain est divisé en deux classes : celle de ceux qui ont tout et celle de ceux qui n'ont rien. Et chaque année, les nantis sélectionnent trois pour cent des jeunes pauvres pour les rejoindre.

L'une des plus célèbres licences de la télévision, *Star Trek*, a fait des adeptes partout dans le monde et certains d'entre eux sont ce qu'on appelle des «fans hardcore» pour qui toutes les saisons produites ne suffisent pas. Si c'est aussi votre cas ou si vous êtes simplement curieux, il existe deux webséries directement inspirées (copiées) de la série télévisée originale et qui ont été produites et réalisées par des amateurs : ***Star Trek Phase II*** (qui s'intitule aussi *Star Trek New Voyages* en référence au projet de suite de *Star Trek* qui ne vit jamais le jour) et ***Star Trek Continues***. Financées, parfois largement, par la communauté des fans, ces deux séries ont reconstitué jusqu'aux moindres détails de leur programme préféré. C'est assez stupéfiant, mais aussi finalement un peu ennuyeux car ils passent plus de temps à imiter le modèle qu'à imaginer son développement.

- *Star Trek Phase II* : disponible sur YouTube

- *Star Trek Continues* : disponible YouTube et sur startrekcontinues.com

Nous suivons la sélection des privilégiés, parmi lesquels se cache un tricheur plus désespéré que les autres. Beaucoup plus classique, il y a aussi ***The Invisible Man***, très jolie adaptation du roman de H.G. Wells transposé au Colorado dans le décor naturel d'un hameau enneigé. Les cadrages, les couleurs et les dialogues renvoient directement à l'univers des comics.

- *Aidan 5* : disponible sur YouTube
- *3 Por Cento* : disponible sur YouTube
- *The Invisible Man* : disponible sur YouTube

DU STEAMPUNK

Très peu de films ou séries ont exploré le genre steampunk, pourtant populaire ces dernières années en littérature et bande dessinée. Les websériess l'ont fait et il y a déjà une petite dizaine de titres disponibles dans ce genre. Ce sont assurément des œuvres de passionnés et si l'on ne connaît pas au moins un peu l'univers « rétrofuturiste », elles peuvent être assez hermétiques et plutôt étranges. Dans ***Dirigible Days***, nous suivons le capitaine et l'équipage d'un « vaisseau de l'air » dans une de leurs aventures. Celle-ci commence alors que leur vaisseau est en panne et qu'ils sont coincés dans un trou perdu où, malgré tout, les ennuis convergent. Et c'est encore l'équipage d'un autre vaisseau de l'air qui est au centre de ***Steamworks & Shadows***. Ce sont des mercenaires embauchés pour mettre fin aux agissements d'un groupe terroriste et qui se retrouvent eux aussi au centre d'un gros pétrin.

Moins aventureux, mais peut-être aussi un peu plus complexe, il y a ***Felix Blithedale***. Cet enthousiaste de la science et du progrès présente dans chaque épisode l'une de ses inventions ou théories. Et pour quelque chose de vraiment différent et même étrange, lancez-vous dans ***To Kill a Princess***, une websérie anglaise indéfinissable, romantique, surréaliste, intrigante.

Rien n'arrête les créateurs de webséries et surtout pas les petits moyens lorsqu'ils ont une grosse envie.

- *Dirigible Days* : **disponible sur YouTube et sur day304.com**
- *Steamworks & Shadows* : **disponible sur YouTube et sur steamworksandshadows.com**
- *Felix Blithedale* : **disponible sur YouTube**
- *To Kill a Princess* : **disponible sur YouTube**

De l'aventure de l'action

De l'action, des combats, des poursuites, des fusillades… Il y en a aussi dans les webséries.

En France, il y a une websérie fantastique particulièrement audacieuse dont l'action se déroule en partie à l'époque des mousquetaires : ***Past*** est aussi l'exemple même d'une websérie qui a évolué du pire jusqu'au meilleur. Son premier épisode est presque pénible à voir, et puis, au fil des épisodes suivants, l'écriture et la réalisation s'affirment jusqu'à donner une série d'aventures où rien ne manque, de la reconstitution en costumes jusqu'aux bagarres générales. La websérie anglaise ***The First Musketeer*** est beaucoup plus propre et plus «pro» dans les mêmes décors et les mêmes costumes, mais avec moins d'action. C'est une sorte d'épisode romantique de la saga des mousquetaires, très bien fait et bien joué, avec beaucoup de clins d'œil amusants. Une autre websérie anglaise, beaucoup plus épique et mystérieuse, est également impressionnante par la qualité de ses images. C'est ***Ren : The Girl With the Mark***, un récit médiéval fantastique qui suit une jeune femme portant la marque d'un esprit maléfique et qui se lance dans une quête plus qu'initiatique. Et si vous êtes amateur de films de Kung Fu et arts martiaux, ***Sudden Master*** est une websérie

- ***Past* : disponible sur YouTube**
- ***The First Musketeer* : disponible sur YouTube**
- ***Ren : The Girl with the Mark* : disponible sur YouTube et sur rentheseries.com**

canadienne spécialement faite pour vous. Enfin, pour finir ce chapitre, une websérie à ranger dans le genre «aventures», mais qui est assez unique sur ce format : ***Sundown***. Cette websérie reprend à l'identique le style et les scripts des séries western des années 1950, dialogues et musique compris. Elle est même diffusée en noir et blanc.

- ***Sudden Master*** **: disponible sur YouTube et sur suddenmaster.com**
- ***Sundown*** **: disponible sur YouTube**

S'il y a un genre qui demande un maximum de savoir-faire quand on a un minimum de moyens, c'est le film de guerre. Il faut que ça tire, que ça explose, qu'on sente le danger, et la mise en scène réclame de nombreux plans pour un montage efficace des scènes d'action. Le réalisateur brésilien Guto Aeraphe s'en est fait une spécialité et a déjà produit au moins deux titres remarqués dans les festivals et diffusés partout dans le monde. Dans ***Herois***, il raconte l'histoire vraie d'un groupe de soldats brésiliens durant la Seconde Guerre mondiale, pris en tenaille dans une contre-offensive et qui refusent de se rendre pour se battre jusqu'au bout. Plus récemment dans ***Cidade do Sol*** il a construit son scénario sur l'expérience des troupes brésiliennes sous mandat de l'ONU en Haïti. Là encore, un groupe de soldats se retrouve piégé dans une machination qui les plonge brusquement dans une situation de combat en zone urbaine.

- *Herois* : disponible sur YouTube

- *Cidade do Sol* : disponible sur Vimeo on Demand

DES THRILLERS

Ce genre aussi utilise des personnages généralement aventureux et des scènes d'action, mais il joue plus sur la tension. Et puis dans les thrillers, le sang et les meurtres sont des composantes obligatoires. C'est rouge et c'est noir, c'est sombre et ça ne se termine pas forcément bien.

L'héroïne de la websérie canadienne ***Clutch*** se fourre dans de sales draps dès le premier épisode. Elle vit de ses talents de pickpocket, mais se retrouve avec un gang à ses trousses quand son petit ami l'échange contre une dette de jeu. Dans la série française ***Green Grass***, c'est un douanier au seuil de la retraite qui «dérape» et décide de prendre les choses entre ses seules mains. Les épisodes mêlent agréablement humour et action.

La websérie marseillaise ***Beard Club*** (de Pablo Pinasco et Sébastien Nadaud) se positionne résolument dans la tradition des polars de la Série Noire, avec deux flics «à la marge», des crimes étranges, une enquête difficile, une voix off égrenant des sentiments et des émotions qui sont autant d'indices et de clés qui s'entremêlent. Ce programme a été sélectionné et acclamé dans de nombreux festivals.

• ***Beard Club*** **: bientôt distribuée en SVOD**

Le thriller est un genre qui fonctionne aussi avec ses ambiances visuelles et sonores, avec des personnages toujours «border line». Dans ***To Punchy***, ce sont des individus qui cherchent à savoir pourquoi Punchy est mort et qui l'a tué, chacun avec des motivations très personnelles. ***Hard Drive 13*** est un thriller d'espionnage et d'action avec un skater comme héros, accompagné d'une copine qui vide un chargeur dans deux plans sur trois. Ce n'est pas le plus fin ni le plus innovant des scénarios, mais il y a une surenchère constante qui fait ronronner les épisodes. On n'y croit pas une seconde, tout est gros comme une maison et c'est justement ce qui rend ce programme sympathique. On peut voir une autre galerie de personnages bien tordus dans la websérie ***Hitman 101***. Comme son titre l'indique, le héros est un tueur à gages que l'on suit dans une aventure pleine de retournements.

Bien qu'assez rare encore, le thriller est un genre international et il est

Burkland, c'est le projet (de Grégory Beghin) qui a remporté l'appel d'offre de la RTBF Interactive en 2015. L'histoire démarre avec une révélation qui réveille un vilain mystère : Lou, une journaliste, met la main sur un téléphone portable qui lui révèle la sombre face cachée d'évènements qui se sont déroulés quelques mois auparavant dans la petite localité perdue de Burkland et qui ont particulièrement affecté son existence. Son enquête et le contenu du téléphone nous plongent au cœur d'un véritable cauchemar sanglant qui enferme des personnages désespérés dans un «dinner», au centre d'une histoire bien plus complexe qu'un simple virus zombie. Il est conseillé de visionner cette websérie sur votre smartphone avec des écouteurs.

- ***Burkland*** **: disponible sur YouTube et sur le site de la rtbf**

«pratiqué» partout. En Allemagne il y a (entre autres) ***Number of Silence***, un récit qui mêle des tas de choses et jette trois personnages dans une dangereuse quête de vérité. En Espagne, ***Gifted Corporation*** est un brillant spécimen du genre avec des épisodes pleins d'action et de suspense. En Colombie il y a ***Déjà Vu***, une websérie fantastique qui suit un jeune homme capable de voir des scènes du futur proche. Au départ, c'est un film de fin d'études de deux étudiants en

- ***Clutch*** **: disponible sur YouTube et sur clutchtheseries.com**
- ***Green Grass*** **: disponible sur YouTube**
- ***To Punchy*** **: disponible sur YouTube et Vimeo**
- ***Hard Drive 13*** **: disponible sur YouTube**
- ***Hitman 101*** **: disponible sur YouTube et Vimeo**
- ***Number of Silence*** **: disponible sur Vimeo**
- ***Gifted Corporation*** **: disponible sur Vimeo**
- ***Déjà Vu*** **: disponible sur YouTube**

audiovisuel qui est devenu une websérie plusieurs fois récompensée. Et au Venezuela il y a ***Manifiesto***, une histoire traitée sur un mode fantastique, mais extrêmement contemporaine. Ça parle de « développement », d'une compagnie privée qui exploite et pollue la région avec beaucoup de promesses et peu de scrupules, de gens qui s'y opposent violemment, et de jeunes qui veulent savoir la vérité. Les décors naturels de l'intrigue principale sont splendides.

• ***Manifiesto*** **: disponible sur YouTube**

S*TD: Oddfjord* (de Stian Hafstad, Christer Larsen et Jim Garvey) est un thriller norvégien de haute volée. Le concept de cette websérie diffusée en 2012 est presque exactement le même que celui de la série *Lilyhammer* de Netflix qui raconte la nouvelle vie en Norvège d'un mafieux américain repenti. Ici c'est un flic stressé de New York qui croit faire un séjour tranquille dans un bled de Norvège et va se retrouver malgré lui au milieu d'un vilain pétrin.

• *STD: Oddfjord* : disponible sur YouTube

Libres

DES DRAMAS

Les webséries dramatiques sont de plus en plus nombreuses. Là encore, le format court permet de raconter des histoires qu'il serait délicat de développer sur la longueur ou qui ne pourraient trouver un large public sur des réseaux traditionnels. Ce ne sont pas forcément des histoires sombres ou tristes, ce sont surtout des récits qui s'adressent à nos émotions, les confrontent à celles de personnages qui sont à un croisement de leur destin. Ces webséries ne s'interdisent pas l'humour ou les rebondissements, mais leurs scripts servent avant tout l'expression des sentiments. Là encore, il y en a pour tous les goûts et de toutes les provenances.

La websérie espagnole ***Libres*** est résolument d'aujourd'hui. C'est le récit d'un groupe de jeunes, sans emploi ni domicile, qui décident d'investir un village abandonné. C'est une histoire extrêmement attachante, bien entendu très politique, et racontée avec brio. Produite à partir d'un financement participatif minimum, la série se décline en dix chapitres de quinze à vingt minutes. C'est à la fois brillant, percutant et bourré d'émotion. Dans la canadienne ***Coded***, un jeune professeur accepte de prendre en charge une classe «spéciale» et se retrouve à apprivoiser et dompter cinq adolescents qu'on a mis là au rebut et qu'il va s'appliquer à ramener à la surface. Et dans ***Cuckoo***, une création irlandaise de Dannan Breathnach et Nikki Racklin, Niamh, une adolescente entêtée, pense se reconnaître dans la photo vieillie numériquement d'un bébé enlevé il y a plusieurs années.

Tous les drames ne portent pas forcément sur des sujets brûlants. Parfois, il suffit juste de confronter des

La websérie canadienne ***Out With Dad*** mérite un hommage particulier. Elle est en ligne depuis 2010 et elle développe l'histoire de Rose qui, dans la première saison, découvre son homosexualité et fait son coming out en même temps que ses premières expériences. C'est une histoire forte, actuelle, véridique et pleine de sentiments, qui dès cette première saison attire l'attention du public et de la critique à une époque où les webséries étaient encore très marginales. La réalisation (Jason Leaver) est très sobre, très «propre», avec de longs plans-séquences, mais s'autorise aussi des effets de mise en scène pour nous laisser pénétrer les pensées et les sentiments des personnages.

• *Out with Dad* : disponible sur YouTube

Le rythme est soutenu et les tensions acérées dans ***Random*** dont la première saison enferme six amis dans une maison, prisonniers d'un phénomène paranormal qui a changé la réalité et les empêche de sortir ou communiquer avec l'extérieur. Au delà du récit de science-fiction, ce sont les interactions de ce groupe qui guident leurs destins. Cette websérie prévue pour quatre saisons et qui est déjà un grand succès, est produite à Nantes par deux auteurs passionnés et avertis, Sullivan LeCorvic et Rémi Noëll.

• ***Random*** **: disponible sur YouTube**

personnages pour que des étincelles enflamment les passions, ou que se révèlent les ombres du passé. La tension varie d'intensité, de la simple confrontation jusqu'à l'irréparable. Le huis clos est une situation propice en même temps qu'une «facilité» de production (on tourne toutes les scènes dans un même lieu). Mais c'est un exercice exigeant qui réclame une bonne maîtrise du découpage et du montage, des acteurs capables de faire passer des émotions, et un

• ***Libres*** **: disponible sur YouTube**
• ***Coded*** **: disponible sur YouTube**
• ***Cuckoo*** **: disponible sur YouTube, Vimeo et le site de Studio4**

sens certain de la mise en scène. Dans la websérie ***Voix de Garage***, toute l'action se passe dans un parking en sous-sol dont le gardien croise le temps d'un épisode des vies et des âmes qui se dévoilent un peu ou beaucoup.

Dans la série canadienne ***Les Berges***, ce sont des amis qui se retrouvent isolés du monde, mais cette fois sur une île après que l'un d'eux a jeté les clés du bateau.

Dans d'autres dramas, ce n'est pas la confrontation qui est le moteur du récit, mais la trajectoire des personnages, qu'ils soient à la croisée des chemins, forcés de prendre des décisions vitales, ou bien se débattant dans les bourrasques d'évènements incontrôlables.

Ragged Isle est une websérie qui a déjà trois saisons. C'est l'histoire d'une

Dans le très beau western ***Thurston*** de Kathryn O'Sullivan, on retrouve évidemment tous les décors et toutes les figures typiques du Far West, mais c'est surtout un récit dramatique, même un peu «soap», qui mêle les destins et les secrets des habitants d'un village de mineurs dans un Ouest sauvage et sans lois.

• *Thurston* : disponible sur YouTube

jeune femme qui tente de refaire sa vie dans un endroit qu'elle croit paisible, et se retrouve mêlée aux sordides et sanglantes intrigues qui grouillent sous le vernis apparent de cette petite communauté isolée. En France, il y a encore une très belle websérie dramatique sur une trame fantastique : ***Osmosis***. Dans un futur très proche, nos destins amoureux sont tracés par les algorithmes de sites de rencontres. Le doute pourtant s'empare de Paul qui, à cause d'un souvenir persistant, remet en question le site Osmosis qui l'a uni à Elsa. On va alors lui proposer de tester une toute nouvelle technologie qui va le renvoyer dans le passé pour vérifier qu'il a fait le bon choix.

- ***Voix de Garage*** **: disponible sur YouTube**
- ***Les Berges*** **: disponible sur tv5.ca et sur Dailymotion**
- ***Ragged Isle*** **: disponible sur YouTube et sur raggedisle.com**
- ***Osmosis*** **: disponible sur le site de Arte**

Jezabel est l'héroïne de la websérie qui porte son nom. Elle est la bassiste d'un groupe de rock. La musique remplace la voix qui lui manque et la fait tenir debout. Pourtant, c'est la musique qui la met à genoux au début de cette histoire. Jezabel veut toujours être forte et ne s'aperçoit pas qu'elle est dure, elle veut être indépendante et se montre égoïste, et lorsque le destin se déguise en buzz pour la pousser de l'ombre à la lumière, c'est son existence qu'elle joue alors sur des cordes aussi raides que sensibles. Une très belle websérie française réalisée par Julien Bittner.

- ***Jezabel*** **: disponible sur YouTube**

INTERACTIF ET TRANSMÉDIA

L'interactivité et le transmédia (déclinaison d'un même projet sur plusieurs supports et médias) sont des «exclusivités» du web. L'interaction avec les internautes y est permanente car ceux-ci peuvent à loisir aimer, partager et commenter les vidéos sur les sites de partage, et même contacter facilement et directement leurs auteurs. Mais internet permet de pousser cette interactivité plus loin en autorisant les internautes à s'impliquer directement dans le déroulement du récit, comme dans la série *The Wrong Guys for the Job* déjà citée et qui propose aux internautes à la fin de chaque épisode deux choix pour la suite du script,

Il y a quelques webséries qui sont «écrites par les internautes», dont le scénario du prochain épisode est décidé à partir des choix ou propositions du public. C'est le cas par exemple de la websérie française ***Self Story*** dont les deux premières saisons offraient aux internautes la possibilité de diriger le récit en choisissant l'orientation du prochain script. Du coup, les aventures d'Adalbert (conçues par Nicolas Perrin, Lucas Rue et Cédrick Spinassou) partent littéralement dans tous les sens et chaque épisode ramène son lot de surprises et d'absurdités dans un récit plein de références et de clins d'œil.

• ***Self Story*** **: disponible sur YouTube et sur nauteinprod.com/self-story**

ou dans *What Ze Teuf*, un programme qui écrivait chaque jour un nouvel épisode à partir des idées twittées par le public.

Internet permet également de proposer d'autres points de vue du récit et des traitements différents via d'autres médias. Par exemple, certains personnages fictionnels d'une websérie ont leur propre page Facebook ou leur propre compte Twitter où l'on peut suivre un développement original de l'histoire.

La websérie ***Io***, également française, raconte une étrange histoire de hacking qui résonne étonnamment (mais de façon très différente) avec la série télévisée *Mr Robot*. L'univers du programme se poursuit et s'étoffe sur un site internet où l'on découvre d'autres aspects ou points de vue du récit filmé.

• ***Io*** **: disponible sur YouTube et sur regarder.io**

CONCLUSION

En guise de conclusion à ce guide, je vais faire un périlleux exercice de prospective et essayer de vous décrire l'avenir des webséries tel que je l'imagine.

Déjà, il n'est pas audacieux de prédire que vous entendrez parler toujours plus des webséries dans les prochains mois et les prochaines années, et il est plus que probable que vous en regarderez plus, ou plus régulièrement. Elles vous seront souvent proposées via des canaux de télévision, des sites ou applications mobiles spécialement dédiés à ce format particulier, et il est à peu près certain que des «franchises» internationales apparaîtront bientôt sur ce marché, financées par de grands groupes de communication ou de télécommunication. Ces «Netflix du format court» investiront dans des productions originales tout comme le font les chaînes de télévision, et l'ouverture du marché rendra certainement les webséries moins «indépendantes». Mais on peut prévoir que vont aussi se développer et coexister d'autres canaux et applications, hyper spécialisés en direction d'une «niche» ou bien regroupant des auteurs indépendants dans une structure collaborative. Il n'y aura peut-être pas des places au soleil pour tous, mais il y en aura beaucoup et je veux parier que la diversité des styles, des genres et des thèmes sera le vrai moteur de ce marché.

Je suis persuadé que dans les années à venir vous verrez des films de cinéma et des séries de télévision écrits et réalisés par des créateurs qui se seront d'abord fait remarquer avec leurs webséries, parce que ce format va devenir la véritable école des fictions audiovisuelles. Il est aussi possible que la «culture» des webséries vienne à terme «infecter» celles du cinéma et de la télévision avec de plus en plus d'auteurs formés à des méthodes de production plus rapides et moins coûteuses. Les webséries vont également continuer à évoluer avec internet et ses développements, ainsi qu'avec les technologies de l'image. Demain elles seront plus interactives, elles seront en 3D, en réalité virtuelle et – pourquoi pas ? – en hologrammes. Mais parallèlement à leur «industrialisation», les webséries resteront encore longtemps un support idéal pour tous ceux et celles qui ont quelque chose à raconter. Elles vont révéler partout des talents nouveaux et les grands succès de ce format ne viendront pas forcément d'Hollywood ou de grands studios de production. Les webséries continueront de vous faire voir d'autres paysages, entendre d'autres accents, écouter d'autres légendes.

C'est pourquoi je vous conseille surtout de rester curieux. Cette «nouvelle vague» n'a pas fini de déferler et elle vient à point pour rafraîchir vos écrans.

INDEX

D

E

F

G

CREDITS PHOTOS

Page 32 : *Le Visiteur du Futur, saison 3* - © François Descraques / Ankama / Studio 4 ; Page 34 : *Reboot* - © Davy Mourier / Studio 4 / Empreinte Digitale ; *The Wizards of Aus* - © Michael Shanks / LateNite Films; Page 35 : *Les Opérateurs* - © F. Descraques, S.B. Berhoun / Taronja Prod / Studio 4 / Barjac Production, *The Book Club* - © YOMFYOMF Network; Page 36 : *God Bless Zombies* - © Paul Germain ; Page 37 : *Gary Saves the Graveyard* - © Todd G. Bieber / UCB; Page 38 : *Les Jaunes* - © Nemesis Films, *Mortus Corporatus, saison 1* - © AnderAnderA ; Page 39 : *AFK* - © Epically Casual ; Page 40 : *The Guild* - © Felicia Day / RobotKittenGigglebus Entertainment ; Page 41 : *Noob* - © Fabien fournier / Olydri Studio ; Page 42 : *Space Janitors* - © Space Mop / IFP ; Page 43 : *Warz, pirates from outer space* - © Fige & Chips Production / Monkyshot ; Page 44 : *Altruman* - © Boomgate Films ; Page 45 : *Space Riders Division Earth* - © iThentic ; Page 46 : *France Five* - © Alexande Pilot / Grégoire Hellot ; Page 47 : *The Adventures of Superseven* - © 60 Second Film School Productions ; Page 48 : *Corn Cobs* - © Matt Kamen, / Tom Noakes / Will Goodfellow ; Page 49 : *I.P.M.* - © Association Groupe 13,*New Partner* - © James GallagherPage 50 : *Desert Patrol* - © Ground Beef Comedy, *La Planque* - © Mark Eacersall / Matthieu Van Eekhout / Dreamtiger, *The Wrong Guys for the job* - © Sutton McKee / Matthew Tibbenham ; Page 51 : *My Gimpy Life* - © Dracogen / Rolling Person Productions ; Page 52 : *Bill & Sons Towing* - © The Imponderables / Mark De Angelis / Charles Ketchabaw ; Page 53 : *But I'm Chris Jericho* - © Insight Production ; Page 54 : *Research* - © Midly Fearsome Films, *Savory Burger* - © The Artists Playground, *Ma Femme est Pasteure* - © Les Ataprods ; Page 55 : *Corn Cobs* - © Les Ataprods, *Jeune Diplômée* - © Shannon Renaudeau / Twincats Productions ; Page 56 : *Oscar, Bac+5 Chômeur* - © Ygal Levy, *El Partido* - © Alex Rodrigo / Inusual Films ; Page 57 : *J'aime mon Job* - © Samir Abdessaied, *Le Département* - © Benoit Blanc / Benjamin Busnel / Matthias Girbig / Inernet ; Page 58 : *Plant* - © Andrew Nielson / Pembroke Media Company ; Page 59 : *How to Talk Australians* - © Tony Rogers / Rob Hibbert / Guilty Content ; Page 60 : *Claire et Michel* - © Gabriel Doré ; Page 61 : *Half Sisters* - © Two Kids With a Camera ; Page 62 : *Dad Drives* - © Dan Beirne / Mark Little, *Papa* - © Laurent Cyr / Clac Compagnie ; Page 63 : *Maman Solo* - © Jolis Mômes, *Matumbo Goldberg* - © Rob Pearlstein / SXM ; Page 65 : *Husbands* - © Scriptacular Productions ; Page 66 : *Husbands* - © Scriptacular Productions, *Oposto do Sexo* - © Leandro Silva / Charlotte Produções, *The Vessel* - © Fyrian Films ; Page 67 : *Martin Sexe Faible* - © 2P2L / MyFantasy / Studio4 ; Page 68 : *Les Textapes d'Alice* - © Angela Soupe / francetv nouvelles écritures / Morgane Production ; Page 69 : *Pairings* - © Ed Robinson / Shchekotiki ; Page 70 : *Nana* - © Camille Tissot, *Darren has a Breakdown* - © Menelik Simpson ; Page 71 : *The New Adventures of Peter & Wendy* - © Kyle Walters / Shawn Deloache, *Emma's Welt* - © Nicole Fornoff ; Page 72 : *Enter the Dojo Show* - © Matthew Page ; Page 73 : *College Humor* - © College Humor ; Page 74 : *Porta dos Fundos* - © Porta dos Fundos, *Studio Bagel* - © Studio Bagel ; Page 75 : *Golden Moustache* - © Golden Moustache ; Page 76 : *Chris and Josh* - © Balloon Tree Productions, *The Popcorn Show* - © Popcorn Factory ; Page 77 : *Le Meufisme* - © Rose Mécanique Production / JM & G Production / Canal+ Digital, *Ça Tombe Bien* - © Ça Tombe Bien ; Page 78 : *Vestiaires Libérés* - © francetv nouvelles écritures / Astharté Productions / Avalon Films ; Page 79 : *Pete Winning & the Pirates* - © Winning Swashbuckler Pictures ; Page 80 : *Pete Winning & the Pirates* - © Winning Swashbuckler Pictures, *Invention With Brian Forbes* - © Tom Konkle / David Beeler / Pith-e Productions ; Page 81 : *The Day They Came to Suck Out our Brain* - © Shine, *The Pantsless Detective* - © Dipu Bhattacharya / Tom Chamberlain ; Page 82 : *Noirhouse* - © Sky Machine / Latitude Films, *Wimpole Street* - © Caitlin Shannon / Bolingbroke Productions ; Page 83 : *Positive Sinking* - © superNeun Filmproduktion ; Page 84 : *Estilo Esther* - © Macaco Films ; Page 85 : *Euh* - © RTBF Interactive / Grizzly Films ; *Spaniards in London* - © Javier Moreno Caballero / Spaniards in London ; Page 86 : *Ritals* - © Svevo Moltrasio ; *Authentik* - © Anthony Lemaitre ; Page 87 : *Zikos* - © Benoit GIBERTAUD / Sébastien CASSEN ; *SanFranLand* - © Ryan Linch / MissMottMedia ; *An African City* - © Nicole Amarteifio / Naa Amerley Productions ; Page 88 : *Dr Horrible's Sing-Along Blog* - © Mutant Enemy ; Page 89 : *The Clandestine* - © Video Hacker ; *You Suck at Photoshop* - © Troy Hitch / Matt Bledsoe ; Page 90 : *Le Visiteur du Futur* - © François Descraques / Ankama / Studio 4 ; Page 91 : *Zac and Me* - © Paul Komadina / Natalie Lewis / Zach Dresler ; Page 92 : *The Staff Room* - © Jason Bryden ; Page 93 : *Project Library* - © TimH / Mike Cannon ; *Max & Billy's Drill Machine Girl* - © Ivan Lopes Nunez ; Page 94 : *Miss Guidance* - © Van Hansis / James Ryan Caldwell ; *Typique* - © RTBF Interactive / Narrativ Nation ; Page 95 : *Escuela de Canotaje* - © Canal M / Finoli Films ; *My Lupine Life* - © Karma Films / T3 Digital Productions ; Page 96 : *High Maintenance* - © Janky Clown Productions / Vimeo ; Page 97 : *Je Suis Super* - © francetv nouvelles écritures / Melting Productions ; Page 98 : *Zozo* - © Alexandre Follain ; Page 99 : *Il le Faut!* - © Kawanimation ; Page 100 : *Preti* - © Astutilo Smeriglia ; Page 101 : *Têtes à Claques* - © Michel Beaudet / Salambo Productions ; *Pencilmation* - © Ross Bollinger ; Page 102 : *30-Seconds Bunny Theatre* - © Angry Alien Productions ; *Camille raconte* - © Vincent Ethier / Attraction Images / Dans ta pipe ; Page 104 : *TubeHeads* - © Lumatik Film ; Page 105 : *Mouvement Deluxe* - © SPORT ; *Neil's Puppet Dreams* - © Nerdist Channel ; Page 106 : *High Road* - © Hardboiled / tomorrowland ; Page 107 : *He's With Me* - © Monday Morning Productions / ActorMan Entertainment ; *Malviviendo* - © David Sainz / Different ; Page 108 : *Dog Bytes* - © Bad Lady Flicks / KingFerris Entertainment ; Page 109 : *Low Life* - © More Sauce Productions ; *Michaëlle en Sacrament* - © Frédérique Élisabeth St-Pierre / Fonds TV5 pour la creation numérique ; Page 110 : *Ped Crossing* - © Paul Thomas ; Page 111 : *Nixon's the One* - © Hat Trick Productions ; Page 112 : *La Chienne* - © Les Productions La Guérilla ; Page 113 : *Gabriel, saison 1* - © Gwendal Biscueil / Arnaud d'Ancona ; *Sad Motivator* - © Nathan Alan Bunker ; Page 114 : *Blood and Bone China* - © Chris Stone Films ; Page 115 : *20 Seconds to Live* - © ArieScope Pictures ; *STILL* - © Chronicle Factory ; Page 116 : *Wastelander Panda* - © Epic Films ; Page 117 : *Ulysse* - © Nicolas Nédellec / Clock-Work Productions ; Page 118 : *Daemonium* - © Hydra Corp ; *The Silent City* - © Rubidium Wu ; Page 119 : *Spheres Trinity* - © Origin Pictures ; *Mordred* - © Tommy Lee Baik ; Page 120 : *3 por Cento* - © Pedro Aguilera ; page 121 : *Dynamo* - © Karma Pirates ; *Airlock* - © Distracted Media / Deadhouse Films ; Page 122 : *Aidan 5* - © Room 101 Productions ; *Mission Backup Earth* - © Alexander Pfander / Pfanderfilm ; Page 123 : *Star Trek Continues* - © Dracogen / Far From Home / Trek Continues ; *The Invisible Man* - © Waterfoot Films ; Page 124 : *Dirigible Days* - © James Bragado / Day 304, LLC ; Page 125 : *Steamworks & Shadows* - © Brass Engine Productions ; Page 126 : *Sudden Master* - © Samantha Wan ; Page 127 : *The First Musketeer* - © First Musketeer ; *Ren, the Girl With the Mark* - © Mythica Entertainment ; Page 128 : *Herois* - © Guto Aeraphe ; Page 129 : *Clutch* - © mojoPro Films ; Page 130 : *Beard Club* - © Pablo Pinasco / Sébastien Nadaud ; Page 131 : *Déjà Vu* - © Juan Francisco Pérez Villalba ; Page 132 : *STD Oddjford* - © Pistol Shrimps ; Page 133 : *Libres* - © Alex Rodrigo ; Page 134 : *Out With Dad* - © Jason Leaver ; Page 135 : *Random* - © Sullivan Le Corvic / Rémi Noëll ; *Cuckoo* - © Marie Caffrey ; Page 136 : *Les Berges* - © Koma Films ; *Thurston* - © Thurston Productions, LLC ; Page 137 : *Jezabel* - © Bridges ; Page 138 : *Self Story* - © Nautéin Prod ; Page 139 : *Io* - © Imad Hatem

Ouvrage réalisé par Muttpop france pour le compte des éditions Glénat.
Editeur : Nicolas Forsans
Couverture et maquette intérieure : Bérengère Demoncy
Préface : François Descraques
Relecture : Martine Becker

Le guide des Webseries : La nouvelle vague
ISBN : 978-2-344-01890-3

Imprimé en Belgique.
Dépot légal : Novembre 2016